나는
왜
저 인간이
싫을까
?

나는 왜 저 인간이 싫을까?

인간관계가 불편한 사람들의 관계 심리학

오카다 다카시 지음 | 김해용 옮김 | 이남옥 해제

동양북스

인간은 태어나면서부터 서로를 미워한다.

— 순자(荀子)

인간의 마음속에는 타인의 행복을 질투하는 감정,
즉 '르상티망(ressentiment)'이 깔려 있다.

— 니체(Nietzsche)

왜 사랑하는 사람보다
거슬리는 사람을 더 많이 생각할까?

싫어할 만해서 싫어하는 건데
내가 더 괴로워지는 이유

참으로 탁월한 단어의 선택이었다!

대인 관계의 어려움, 대인기피증, 성격장애, 적응장애 같은 단어보다 '인간 알레르기'라는 표현이 참신했다. 책을 읽으면서 점차 기적 같은 경험을 하게 된다. 인간 알레르기라는 메타포를 통해 인간의 심리를 파헤쳐 나가면서 사람의 마음에 대한 이해와 수용은 물론 편안함과 치유를 맛보게 되기 때문이다.

우리 주변에는 사랑하는 사람들이 있고 상대적으로 수가 적은 몇몇 거슬리는 사람들이 존재한다. 그런데 왜 우리는 대부분의 시간을 사랑하는 사람보다 거슬리는 사람들을 생각하면서 보낼까? 이 책은 그 이유를 과학적으로 해명해준다. 전혀 경제적이지 않은 이러한 인간의 심리를 알레르기 증상이라 생각하니 이해가 잘 간다. 나를 지키기 위한 면역체계가 무너지면서 고통스러운 증상을 겪어야 하니 사랑하는 사람들을 떠올리며 행복을 느낄 여유가 없는 것이다.

나 역시 싫어하는 사람이 있고 그로부터 오는 모든 자극은 순간적으로 나를 혼란으로 몰고 간다.

불편함, 답답함, 두려움, 수치심, 분노, 죄책감…….

문자만 받아도, 우연히 소식만 들어도 속이 울렁거리고 순식간에 자존감은 땅으로 떨어진다. 싫어할 만해서 싫어하는 것뿐인데 가혹하게도 그에 대한 뒷감당은 오롯이 나의 몫이다.

'싫다'라는 감정이 생길 때마다 삶이 좁아진다는 느낌에 얼마나 괴로운지, 남을 사랑해야 한다는 율법을 어긴 것에 대한 자성 때문이 아니라 그냥 나 자신을 위해서도 누군가를 싫어하는 이 감정은 한번 파헤쳐볼 만한 주제였다.

상식으로는 이해할 수 없는 현상,
인간 알레르기

나를 찾는 내담자들은 가족과의 갈등으로 오는 경우가 많다. 남편 때문에, 시어머니 때문에 또는 자녀나 형제자매 때문에 고통을 느낀다. 그러나 그들을 피해서 살 수도 없다. 내담자들은 거의 질식할 것 같은 상황에 몰렸을 때 도움을 청한다. 그중 한 분은 시어머니가 보내주는 음식 때문에 고통스럽다고 한다. 언뜻 보면 이해가 되지 않는다. 뭘 달라는 것도 아니고 맛있는 음식을 정성스레 만들어서 보내주는데 왜 싫을까? 또 어떤 부인은 남편이 너무 꼼꼼해서 뭐든지 다 해주고 너무 챙겨줘서 못살겠다고 한다. 무심한 남편 때문에 서운해하는 부인이 들으면 도저히 이해할 수 없는 얘기다. 이처럼 마음의 세계에서는 상식적으로 이해할 수 없는 현상들이 비일비재하게 일어난다. 이런 심리는 윤리적으로 또는 논리적으로 따진다고 해서 해결되는 것이 아니다. 이렇게 뭔가 말이 되지 않는 듯한 마음의 세계를 저자는 '인간 알레르기'라는 개념으로 설명하고 있다.

대인 관계가 훌륭한 두 사람,
왜 부부관계만 풀리지 않는 걸까

이 책을 보면서 인간 알레르기 증상을 겪고 있는 50대 부부가 생각났다. 그들은 성격이 너무 안 맞는다. 소와 사자의 사랑처럼 서로를 위한다고 하는 행동은 오히려 고통만 안겨주었다. 잘해주면 잘해줄수록 관계는 악화되어 갔고 힘들다는 속마음을 표출하는 순간 싸움으로 번졌다. 그들의 고통은 정말 가여울 정도였다. 부인은 독립적인 사람이고 관계에서 어느 정도의 거리감을 필요로 했다. 자율성이 무엇보다 중요해서 자신의 일도 스스로 처리하는 경우가 많았기에 남편 역시 자신처럼 알아서 하기를 원했다. 그러나 남편은 반대 성향이었다. 남편은 거리감보다는 친근감을, 독립성보다는 연결감을 원했다.

　아내가 처리하는 일에도 열심히 관여했고 더 좋은 선택과 결정을 하도록 적극적으로 나섰다. 그와 마찬가지로 자신이 하는 일에도 아내가 더 관심을 갖고 인정해주길 원했다. 아내와 많은 것을 함께하고 싶은데 아내는 그러면 그럴수록 밀쳐내니 그런 아내의 태도에 화가 치밀어 오르는 것은 어쩔 수가 없었다. 실제로 남편은 가족과 아내를 위해 많은 일을 하고 있었다. 전문직이어서 바빴지만 가사와 육아일을 도맡아 했고 아내의 직장일까지 도와줬다. 그러나 아내는 이런 남편에게 그가 원하는 반응을 해주지 않았다. 아내는 잘하면 '시큰둥 반응', 아니면 분노로 답했다. 이혼이 답이라는 생각밖에 들지 않는 부부였는데 그들은 그것도 두려워했다. 자녀들이 걱정되었기 때문이다. 또 자신들이 갖고 있는 사회적 지위가 이혼으로 흔들릴까 봐 두려웠기 때문인지 엄두도 내지 못했다.

그래서 그들은 상담실을 찾아왔지만 오랜 상담을 통해서도 관계는 호전되지 않았다. 물론 그들의 갈등을 성격 차이나 원가족 경험 등으로 설명했고, 서로의 장점에 대해 이야기하면서 상대 덕분에 자신이 얼마나 큰 도움을 받고 있는지 납득하는 시간도 가졌다. 하지만 그렇게 서로를 이해하는 것 같다가도 그 순간은 순식간에 사라져버리기 일쑤였다.

상담자로서 무력감을 느끼기도 하고 매우 고민이 되는 케이스인데 이 부부는 어찌 된 일인지 그럼에도 불구하고 상담에는 몇 년째 성실하게 임하고 있다. 서로의 얼굴은 마주 보기조차 어려워하면서도 상담자인 나를 보면 항상 다정하고 친절한 표정이다. 정말 두 사람은 부부로서만 갈등과 문제를 안고 있을 뿐 각자 개인으로서는 너무나 훌륭한 사람들이다. 더욱이 타인과의 관계는 워낙 좋으니 부부 관계는 미스터리일 수밖에 없다. 이 부부를 이해하는 데 이 책은 내게 큰 도움을 주었다. 그들의 특정 행동은 서로에게 알레르겐이었던 것이다. 알레르겐을 접하고 알레르기 증상이 순식간에 엄습하면 그들이 할 수 있는 것은 오로지 알레르기 반응이었던 것이다. 알레르기 반응은 이론적으로 이해한다고 해서 멈출 수 있는 것이 아니기 때문이다.

싫어하는 마음에서 벗어나는 건
나 자신을 위한 일

이 책은 5장으로 구성되어 있는데 1장과 2장에서는 인간 알레르기에 대한 현상들을 설명하고 있고 3장과 4장에서는 인간 알레르기를 기존의 심리학적 이론들을 통해 설명하고 있다. 한 페이지, 한 페이지를 넘길 때마다 떠오른 사람도 있고 또 내 모습도 떠오른다. 그리고 그들에 대한 이해도 되고 또 나에 대한 이해도 넓어진다. 우리는 남을 싫어하는 게 얼마나 고통스러운지를 잘 알고 있다.

타인을 위해서이기도 하지만 그 무엇보다 나 자신을 위해서도 그 싫어하는 마음에서 벗어나고 싶다. 이 책을 읽으면 바로 그 화해와 용서의 작업이 이루어진다. 그렇게 열심히 기도해도 원수까지 사랑하라는 예수님 말씀이 어렵게만 느껴졌는데 얼마나 고마운 일인지…….

5장에서는 이러한 알레르기 증상에서 벗어날 수 있는 방법들을 제시하고 있다. 그 마법의 비법들은 의외로 가까이 있고 또 실천

할 만한 것들이어서 안심이 되었다. 단 성미가 급한 독자들에게 드릴 수 있는 조언은 1장에서 4장까지 잘 읽고 이해한 다음에야 5장의 마법이 풀린다는 것을 미리 말씀드리고 싶다.

마지막으로 앞서 이야기한 내담자 부부에게도 감사하다. 그렇게 고통스러운 알레르기 증상을 겪으면서도 참아내고 있고, 또 상담을 통해 견딜 수 있는 힘을 찾아가고 있다는 것을 이 책을 읽으면서 알게 되었다. 내가 그들에게 도움이 되고 있는 것은 논리적 설명이나 치료적 개입이 아니라 바로 5장에서 말하고 있는 '안전 기지'의 제공이었다고 것도 깨닫게 되었다.

좋은 책을 써주신 저자 오카다 다카시에게 진심으로 감사드린다.

서울부부가족치료연구소
이남옥 레지나
(『나의 다정하고 무례한 엄마』, 『아이에게 주는 감정 유산』 저자)

 나 는 왜 저 인 간 이 싫 을 까 ?

왜 한순간에 사람이
싫어지는 걸까?

인간은 혼자 살 수 없다고 하지만 그것은 단면적인 진실일 수밖에 없다.

절대 용서할 수 없는 사람, 도무지 이해할 수 없는 사람, 자꾸 반발심이 들게 만드는 사람, 아무리 노력해도 도저히 좋아할 수 없는 사람, 별 이유 없이 그냥 싫은 사람…… 당신 주변에도 분명 그런 사람이 있을 것이다. 그중에는 당신이 과거에 신뢰했던 사람, 소중히 여겼던 사람도 적지 않을 것이다. 서로를 최선의 파트너라 생각하고 의기투합했다가도 뭐 하나라도 수틀리면 혐오하거나 반감을 갖는 경우는 또 얼마나 많은가.

한 번 마음에서 거부 반응이 일면 그 마음을 되돌리는 것은 꽤 어렵다. 일단 혐오하고 증오하는 마음이 똬리를 틀면 완전히 없어지기는 대단히 힘든 일이다. 그리고 거부하는 마음이 한계를 넘어버리면 아무리 애써도 받아들일 수 없게 된다. 그런 상대에 게 다가가려면 고통만 늘어날 뿐이다. 또한 심리적인 거부는 몸의 반응으로 번진다. 그 사람의 모습을 보고, 목소리를 듣는 것만 으로도 몸이 굳고, 소름이 돋으며, 가슴이 뛰는가 하면 속도 거북해진다. 이 상태는 우리가 일반적으로 알레르기라고 부르는 몸의 거부 반응과 흡사하다. 의학 용어로는 이런 알레르기의 원인이 되는 물질을 가리켜 알레르겐이라고 한다. 일단 알레르기 반응이 나오면 알레르겐을 제거하지 않는 한 불쾌한 증상이 계속 반복된다. 버티면 괜찮아질까 하고 계속 참아도 낫기는커녕 점점 심해지다가 결국 일상생활도 제대로 못 하는 지경에 이른다.

이런 현상은 낯선 사람뿐만이 아니라 내가 의지하는 사람, 나와 함께 협력하며 살아가는 사람들 때문에도 발생한다. 많은 사람들과 부대끼며 살 수밖에 없는 우리가 인간에 대한 거부 반응을 갖게 되면 여러 가지 곤란한 사건들을 겪게 된다. 이를테면 '고슴도치의 딜레마'로 알려진 갈등 상황이 그것이다. 인간은 타인에게 전혀 기대지 않고는 살아갈 수 없다. 하지만 상대와 너무 가까워지면 여러 가지 거부 반응이 일어난다. 짜증이나 불만으로 시작하여 점차 비난, 공격, 험담, 고집, 괴롭힘, 말싸움, 폭력으로 번진다. 온갖 마찰과 충돌을 일으킨 결과 상대방과 자신 모두 상처를 입는다.

하지만 오해하지 마시라. 고슴도치가 정말로 가시를 곤추세울 때는 적을 만났을 때뿐이다. 인간이 인간을 거부하는 모습은 어떤 의미에서 보면 가시를 계속 곤추세우고 있는 고슴도치의 형상과 비슷하다. 그래서 자신의 가시로 친구의 몸도 찌르게 된다. 가시에 찔린 친구는 화를 내면서 그 역시 자신을 보호하기 위해 가시를 곤추세운다. 대부분의 사람들이 그것을 공격이라고 받아들이는 이유는 자기도 모르는 사이에 스스로가 '선제공격'했다는 사실을 깨닫지 못하기 때문이다.

우리는 종종 사소한 일을 계기로 방금 전까지 친밀함과 애정을 느꼈던 존재에게 결코 용서할 수 없을 만큼 분노를 느끼곤 한다. 일단 그 사람에 대한 거부 반응이 나오면 접촉할 때마다 경멸이 가득 차고 혐오감이 솟구쳐 올라 마음이 어지러워진다. 이때 우리가 할 수 있는 선택지는 인내하면서 살거나 적절한 거리를 두는 것, 이 두 가지뿐이다.

평소 사이가 좋았던 상사나 동료와 서서히 어색해지다 끝내는 서로 헐뜯는 관계가 되었다. 연인이나 부부 사이였는데 어느 순간 입안에 돌기가 난 것처럼 껄끄러워지더니 결국은 견디기 힘든 지경에 이르렀다. 타인과 함께 있는 것보다 혼자 있는 편이 마음 편하다. 사람을 진심으로 믿지 못한다……. 이런 일들은 우리 주변에서 비일비재하게 일어난다. 이렇듯 인간관계는 어려운 일이며,

사회생활을 하며 겪는 문제의 대부분은 인간관계에서 비롯된다.

인간이 인간을 과도한 이물질(異物質)로 인식하고 심리적으로 거부 반응을 보이는 증상. 나는 그것을 '인간 알레르기'라고 명명한다.

사람들과 화합하고 사회에 잘 적응하더라도, 경제적으로나 정서적으로나 완벽한 배우자와 만족스러운 나날을 보내고 있다 하더라도, 인간 알레르기는 우리 삶을 고달프게 만드는 크나큰 저해 요인이다. 그런데 의외로 지금까지는 인간 알레르기에 대해서 언급하는 학자도 없었으며, 체계적인 연구도 이루어지지 않았다.

몸의 알레르기 반응에 관한 연구는 이미 활발히 진행되어 상당 부분이 해명된 반면, 마음의 알레르기 반응에 대해서는 연구의 양과 질 모든 면에서 매우 빈약하다.

어떤 사람이 싫어지는 것은 그 사람이 문제가 있기 때문이라는 시각이 지배적이기는 하지만 인간 알레르기 이론을 중심으로 해석해보면 그 양상은 완전히 달라진다. 27년에 걸친 내 임상 경험에 비춰보건대 어떤 한 사람에게 인간 알레르기를 일으키기 쉬운 사람은 다른 어떤 사람에게도 마찬가지다. 즉 상대를 아무리 바꿔도, 회사를 아무리 옮겨도 또다시 똑같은 일이 벌어진다. 주변 사람을 바꿔봤자 아무 소용이 없다. 정말로 개선해야 하는 것은 그 사람 자신이 품고 있는 인간 알레르기이기 때문이다.

이런 관점으로 보면 인간이 고뇌하는 이유는 대부분 인간 알

레르기 때문이며, 그것과 싸우는 데 많은 인생을 허비하고 있다
는 것을 깨닫게 될 것이다. 고통이나 고독, 그리고 마음을 심란
하게 하는 부정적인 감정까지도 거슬러 올라가면 그 끝에는 인
간 알레르기가 있다. 그렇기 때문에 인간관계에 위화감이나 고
통을 느끼며 힘들게 살아가는 사람이, 사회에 잘 적응하기 위해
애쓰고 행복하게 살고 싶다면 반드시 인간 알레르기를 이해해야
한다.

이 책은 인간 알레르기에 대한 최초의 본격적인 연구 저작물
이다. 그동안 선인들이 쌓아온 연구 성과를 되짚어보고, 새로운
시각과 발견도 가미하여, 현대 사회뿐만 아니라 근대 사회에 퍼
져 있는 인간 알레르기의 본질 속으로 다가가고 싶다는 취지에
서 이 책은 시작되었다.

이 책에 등장하는 이론과 대안이 인간 알레르기를 극복하려는
사람들을 위한 길잡이가 된다면 그보다 기쁜 일은 없을 것이다.
나는 독자들이 인간 알레르기라는 증상을 바르게 이해하고, 극복
하는 데 도움을 주고자 구체적인 사례를 들어 설명했다. 여러 유
명인뿐만 아니라 일반인의 사례도 소개했는데, 후자의 경우에는
실제 사례를 바탕으로 재구성한 것이므로 특정 인물과는 관계가
없다는 사실을 밝히는 바이다.

{ 1장 }
"나는 인간 알레르기일까?"
어제까지는 좋았는데 오늘은 싫어지는 이유

나는 왜 저 인간이 싫을까?

인간 알레르기란 무엇인가?

알레르기란 일반적으로 '과도한 면역 반응'이라고 정의한다. 즉 굳이 제거할 필요가 없는 것까지 이물질로 인식해서 공격하는 현상이 바로 그것이다. 이 정의를 근거로 유추해보면, 인간 알레르기란 '제거할 필요도 없는 타인을 받아들이기 힘든 이물질로 보고, 몸과 마음으로 거부하고 공격하여 없애버리려는 현상'이라고 할 수 있다.

인간 알레르기는 특정 물질에 대한 몸의 면역 반응이 아니라 사회심리적 존재인 인간에 대한 마음의 면역 반응이다. 하지만 이것은 몸의 알레르기 반응과 상당히 흡사하다.

면역 반응에는 두 가지가 있다. 하나는 이물질로 인식(기억)하는 것이고, 또 하나는 거부와 공격을 통해 제거하는 것이다. 알레르기가 알레르기가 되는 것은 알레르기 반응(거부 반응) 그 자체 때문이 아니다. 그것은 바로 과도하게 이물질로 인식하는 성향 때문에 일어난다. 즉 제거할 필요도 없는 무해한 꽃가루나 음식을, 없애야 할 위험한 이물질로 잘못 인식하면서부터 모든 고통이 시작된다는 것이다.

인간 알레르기의 근원적인 문제도 마찬가지이다. 알레르기가 생기면 쉽게 공존할 수 있는 존재나 자신에게 이득을 가져다줄 수 있는 존재까지 곧바로 제거해야 할, 참기 힘든 이물질로 여겨 버린다. 그러면 저절로 거부 반응이 일어나서 상대를 공격하고 제거하게 된다.

어떤 물질을 이물질로 인식함으로써 알레르겐이 되는 것을 의학적으로는 '감작(感作)'이라고 하는데, 일단 감작이 발생하면 알레르겐이 존재하는 한 증상은 점점 심해진다. 왜냐하면 알레르기 반응으로 생기는 항체나 면역 물질이 더욱 심한 알레르기 반응을 일으키고, 그 결과 또 다른 항체나 면역 물질이 생겨나는 연쇄 작용이 눈덩이처럼 불어나기 때문이다.

인간 알레르기도 이와 마찬가지다. 어떤 인물에게 감작이 발생하여 알레르기가 일어나기 시작하면 거부 반응이 더욱 관계를 어렵게 만들고, 그 결과 알레르기 증세는 더욱 강력해진다. 사소했던 위화감이 마침내 격렬한 혐오감이나 증오가 담긴 공격으로 증폭된다. 이 과정을 뒤집는 것은 결코 쉽지 않다.

인간 알레르기가 심해지면 불쾌한 고통과 부정적인 감정에 휩싸여 자신에게 무슨 일이 벌어지고 있는지조차 알 수 없게 된다. 타인뿐 아니라 때로는 자기 자신에게도 거의 무의식적으로 공격과 제거 반응을 반복한다. 자신이 왜 사랑하는 존재를 날마다 공격하는지, 왜 평소 사이가 좋았던 동료나 친구를 만나기 싫어지고 뒤에서 그들을 헐뜯게 되는지, 그 근본 원인은 깨닫지도 못한 채 힘겨운 마찰과 갈등을 반복한다.

이 모든 불행은 제거할 필요가 없는 상대를, 없애야 하는 이물질로 인식하면서부터 시작되었다. 그 인식을 바로잡지 않는 한 고통은 계속될 것이다. 눈앞의 고통과 불쾌함에만 정신이 팔린 나머지 잘못된 판단을 하고 있다는 사실은 전혀 알아차리지 못한다. 불행의 쳇바퀴에서 벗어나기 위한 첫걸음을 내딛기 위해 이 장에서는 먼저 인간 알레르기가 유발하는 기본 증상에는 어떤 것들이 있는지 살펴보도록 하자.

어디서부터 이 모든 불행이 시작되었을까?

인간 알레르기가 유발하는 증상 중에는 이물질에 대한 거부 반응으로 일어나는 증상과 불필요한 것까지 이물질로 인식해서 나타나는 증상이 있는데 이 두 가지를 구별하는 게 중요하다.

전자는 인간 알레르기가 유발하는 감정이나 행동의 문제이며, 후자는 타인을 해석하는 방법, 즉 현상의 뿌리가 되는 인지의 문제에서 비롯된다. 인간 알레르기가 생기면 불쾌한 감정이나 혐오감에 휩싸여 사람들과 자주 다투거나 충돌한다. 그 불쾌감에서 벗어나려고 음주나 흡연 등에 탐닉하고, 점점 습관처럼 의존하게 된다. 이런 증세가 심해지면 그 해악이 커지는데 점점 그것들만 돋보이게 된다. 그러나 방금 말했듯이 사람의 감정이나 행동의 뿌리에는 해석하는 방법 즉 인지의 문제가 박혀 있다.

그럴 필요도 없는 존재를 제거해야 할 이물질로 파악해버리기 때문에 이 모든 불행이 시작되는 것이다. 그러므로 우선 수면 위로 드러나는 감정과 행동의 문제를 파악한 다음, 수면 아래에 있는 인지의 문제를 규명해야 한다.

마음속 어딘가에 사람에 대한 거부감을 품다

인간 알레르기 체질인 사람은 대인 관계에 예민하여 사소한 일에도 상처를 받거나 과도하게 신경을 쓰는 경향이 있다. 마음속 어딘가에 늘 사람에 대한 거부감이 있고, 가까이 있는 존재에게조차 깊은 신뢰나 친밀감을 갖지 못하는 경우도 많다.

알레르기의 정도가 심해지면 사람과 만나는 것을 피하고 자기만의 세계에 틀어박히는 경향이 있다. 그러나 그런 사람도 자신의 정신적 버팀목이나 의존하고 싶은 대상에 대한 욕구가 절실한 경우에는 먼저 타인에게 접근하기도 한다. 물론 그 사람과 거리가 가까워질수록 신뢰감이 깊어지는 게 아니라 오히려 기분이나 관계가 불안정해지는 경우도 있다.

타인의 사소한 말이나 행동에서도 부정적인 반응을 간파하고 상처받는다. 부모나 연인, 배우자, 자식처럼 마음을 터놓아도 괜찮은 사람에게조차 혹시 자신을 미워하고 있지 않은지를 걱정하는 마음으로 대한다. 조금이라도 그런 조짐을 발견하면 상처받을 뿐만 아니라 상대에게 불신감이나 부정적인 감정을 품고, 그것을 태도나 행동으로도 드러낸다.

인간관계는 상호적인 것이다. 내가 누군가를 외면하면 그도 어느새 그 마음을 알아채고 나를 외면하고 만다. 호감이나 관심을 갖고 있던 사람도 경계심을 드러내며 찌푸린 얼굴로 일관하면 다가오는 것을 포기한 채 떠나갈 것이다.

인간 알레르기 체질인 사람은 타인이 다가오지 못하게 만들어버리기 때문에 외로울 수밖에 없다. 다른 사람에게 상처받지 않으려고 너무 경계하며 마음을 열지 않기 때문에 동료들한테 따돌림당하는 상황을 스스로 만들고 마는 것이다.

부정적인 감정에 사로잡힌다

인간 알레르기인 사람의 또 다른 특징은 편안함이나 밝고 온화한 감정이 줄어들고 부정적인 감정만 커지는 경향이 있다는 것이다. 불쾌함이나 짜증, 불안이 심해지는 것은 시작일 뿐이며, 분노나 원망 같은 격렬한 부정적인 감정에 사로잡혀 폭발하거나 자기 자신에게 부정적인 감정을 쏟아부을 때도 있다. 그러면 자신감을 잃고 끙끙대며 후회할뿐더러 자신을 지나치게 질책하고 만다. 게다가 만사가 다 귀찮아지고 무기력해지며 자포자기하게 된다.

이러한 증세는 지금까지 '우울증'이라고 판단하는 경우가 많았다. 하지만 진짜 우울증은 극히 일부이고, 대부분은 적응 장애나 부정적인 인지와 결부된 만성적 기분 침체(기분 변조증)이기 때문에 우울증 치료를 받아봤자 근본적인 문제 해결이 되지 않고 효과도 얻기 힘들다. 그 반면에 인간 알레르기라는 증상의 관점에서 대인 관계의 문제를 파악하고, 그 부분을 개선하는 조치를 강구할 때 효과적인 경우가 많았다.

부정적인 감정을 표출하는 방식은 크게 두 가지가 있다. 자신의 불쾌한 기분을 주변 사람들에게 퍼붓는 유형과 속으로 삭이며 자기만의 세계에 틀어박히려는 유형이다. 전자는 사소한 스트레스에도 과도하게 반응하고 주변 사람들에게 책임을 전가하려

든다. 이 유형은 혼자서 견디기보다 다른 사람에게 풀어내는 스타일이기 때문에 상담이나 도움을 쉽게 받아들이는 경우도 있다. 후자는 불쾌한 일이 있어도 드러내지 않고 마음속에 담아두기 때문에 주변 사람들이 눈치채기 어렵다. 이 유형은 자신을 지키기 위해 감정을 감추기 때문에 어느샌가 스트레스가 쌓여 몸이 먼저 비명을 지르거나 인내가 한계에 도달해 갑자기 좌절해버리기도 한다.

앞일을 너무 비관적으로 생각하여 어차피 안 좋은 일만 생길 거라고 단정한다. 분명 어느 누군가가 자신을 우습게 생각하고 있을 거라 짐작한다. 불평불만과 험담이 늘고 희망이나 꿈에 대해 이야기하지 않는다. 이런 부정적인 감정은 부정적인 언어와 행동을 낳고, 결국 자신의 가능성을 좁혀 불행해지게 만든다.

마음속에는 분노가 팔 할

미국의 심리학자 로버트 플러치크(Robert Plutchik, 1927~2006)에 따르면 인간에게는 여덟 가지 기본 감정이 있다고 한다. 기쁨, 공감, 기대라는 세 가지 긍정적인 감정과 슬픔, 분노, 혐오, 공포, 놀람이라는 다섯 가지 부정적인 감정이 바로 그것이다. 후자 쪽이 더 발달하는 것은 위험을 피해 살아남기 위한 필수적인 역할을 수행하기 때문이다.

타인으로부터 안도감을 느끼지 못하는 사람은 부정적인 감정에 휩싸이기 쉽다. 분노나 공격성을 건전하게 해소하지 못하기 때문에 주변 사람들과의 관계는 더욱 악화되고, 계속해서 문제가 일어난다.

분노나 공격성은 적절히 사용하면 대인 관계를 발전시키는 데 도움이 된다. 그러나 인간 알레르기인 사람은 그것을 부적절하게 사용하기 때문에 서로를 더 깊이 이해하기보다는 오해해버린다. 평소에는 온순하다가도 술을 마시거나 피로가 쌓였을 때 폭발해서 가족에게 폭언과 폭력을 휘두르는 경우가 바로 그 전형적인 예이다. 평소 감정을 적절히 표출하지 못하기 때문에 이런 반응을 보이는 것이다.

인간 알레르기인 사람은 자존심이 세고, 경계심이 강해서 자신의 약점을 내보이지 못한다. 그래서 고민이나 강한 분노를 마음속에 쌓아두었다가 어느 날 갑자기 폭발해버리고 만다. 그중에는 사랑받지 못하고 학대받은 것에 대한 분노가 많은데, 타인에게 부정당하거나 반발을 사면 그 상처가 선명히 되살아나 분노의 스위치가 작동하고 마는 것이다.

사람은 누구나 부정적인 감정에 사로잡힌다. 그러나 그것은 다양한 감정 중 하나이며 우리 인생에도 적절하게 도움을 주기도 한다. 그런데 인간 알레르기인 사람은 감정 변화의 폭이 좁다. 겉으로는 싹싹하게 행동해도, 마음속에는 분노와 증오만이 가득하다. 그리고 그 감정은 아주 사소한 계기로 겉으로 드러난다. 살얼음 아래에 숨겨진 분노의 폭탄이 언젠가는 증오라는 기폭제로 터지게 되는 것이다.

장점보다는 단점을 먼저 보는 사람

지나치게 결백하거나 무정한 성격도 인간 알레르기의 특징이다.

다정함은 그리 중요하지 않다고 생각하는 사람도 있을 것이다. 의학적으로도 다정함을 경시하던 시기가 있었다. 그런데 최근 다정함은 어린이의 건전한 성장과 발달에도, 어른이나 노인의 건강과 장수에도 꼭 필요한 마음의 영양소라는 게 밝혀졌다. 다정한 보살핌을 받으면 옥시토신이라는 호르몬이 분비된다. 행복 호르몬 또는 애정 호르몬이라고도 불리는 옥시토신은 스트레스나 불안을 완화해주고 타인에 대한 호의와 배려하는 마음을 갖게 한다.

옥시토신이 많이 분비될 때 인간은 행복하다고 느낄 뿐만 아니라 친절해진다. 상대방의 잘못조차 받아주고 용서할 수 있다. 옥시토신은 부드럽게 껴안을 때나 몸을 쓰다듬을 때 잘 분비되므로, 어릴 때부터 부모에게 자주 안기고 다정한 말을 듣고 자란 사람은 옥시토신 수용체가 풍부하다.

인간 알레르기인 사람은 이와 정반대다. 타인에게 관대하지 못하고 엄격하며 과도한 잣대를 들이댄다. 좋은 점보다는 나쁜 점을 먼저 발견하고, 그것을 지적하지 않고는 못 배긴다. 공격적이고 과격한 말과 행동을 자주 하며 평정심을 쉽게 잃는다. 약자에게 자신의 짜증이나 불만을 터뜨리는 경향이 있다. 자기주장에 얽매여 상대방의 생각을 인정하지 않는다. 그것이 괜한 마찰을 일으킨다.

이처럼 타인에게 지나치게 엄격한 사람 중에는 자신이 그런 취급을 받으며 자란 경우가 많다. 원래 다정했던 사람이라도 가혹한 환경에서 강제로 생활하다 보면 타인의 장점을 칭찬하기보다 잘못을 꾸짖게 되고, 자신의 잘못을 인정하기보다 고집스럽게 정당화하려 한다.

왜 술과 담배에 의존하게 될까?

이런 특성을 가진 사람은 스트레스나 불안을 쉽게 느낄 뿐만 아니라 그 원인이 되는 상황을 쉽게 만들어내기도 한다. 마찰, 대립, 고립을 자초하고 마는 것이다. 고집을 강함으로 착각하는 경우도 있지만 유연하게 대처하지 못하기 때문에 오히려 스트레스에 약하다. 본심을 감추고 행동하는 것은 가면을 쓴 채 살아가는 것이나 마찬가지이므로, 보통 사람보다 몇 배나 더 피곤하다. 사람을 믿지 못하고 쉽게 불안을 느끼기 때문에 늘 상대방의 안색을 살피며 한시도 마음을 놓지 못한다. 따라서 극심한 정신적 피로에 시달리는 것이다.

스트레스나 불안에 대한 내성(耐性)도 약해서 심신이 쇠약해지기 쉽다. 그래서 늘 기분이 언짢고 몸이 개운하지 않은 경우도 많다. 만성적인 스트레스가 자율신경의 균형을 무너뜨려 위장과 순환기 계통에 영향을 미침으로써 심신 질환의 원인이 될 위험도 높다. 그런 불쾌감을 떨쳐버리기 위해 쾌락과 흥분을 불러일으키는 신경전달물질인 도파민의 방출을 늘리는 행위에 의존하게 되는 것이다. 그 대표적인 사례가 음주와 도박이며 여성의 경우에는 과식이나 쇼핑, 섹스에 탐닉하는 경우가 많다.

최근에는 인터넷 게임이나 과격한 동영상에 심취하거나 불특정 다수를 상대로 한 성행위에 몰두하는 경우도 늘고 있다. 특정 인물과 연애나 부부 관계를 지속하는 것보다 일시적인 육체관계를 맺는 것이 훨씬 부담이 없고, 상대하기 쉽기 때문이다.

백점 아니면 빵점, 모 아니면 도

그럼 이런 증상의 밑바탕에는 어떤 인식이 편향되어 있을까?

인간 알레르기란 공격할 필요가 없는 존재마저 유해한 이물질로 파악하여 거부하고 없애려는 상태를 가리킨다. 애당초 이물질이란 자신과 공존할 수 없는 존재이다. 인간 알레르기인 사람은 자신과 같은 점보다 다른 점을 민감하게 받아들이고, 작은 차이를 결정적인 차이라고 확대해석한다. 그리고 결국 자신이 예상했던 것과 정확히 일치하는 것만 받아들인다. 백점 이외에는 빵점, 모 아니면 도라는 극단적인 기준으로 사람을 평가하는 것이다.

이런 마음의 작용을 이분법적 사고 혹은 흑백논리라고 부른다. 다른 말로 완벽주의라고 표현할 수도 있을 것이다. 어떤 일에 완벽할 수 있기는 어렵다. 잘 진행되는 것보다 그 반대인 경우가 훨씬 더 많으므로, 자칫하면 '어차피 실패한다'는 비관론으로 연결될 수 있다.

전부 아니면 전무라는 식의 이분법적 사고가 비관적인 사고와 결합했을 때, 인간은 과격하고 파괴적인 '파국적 사고'의 함정에 빠지고 만다. 완벽하고 이상적인 자신을 만들지 못한다면 모든 것은 무의미하고 존재할 가치도 없다는 성급한 결론에 도달하고 마는 것이다. 대체로 모두 비슷하다고 생각하지 못한 채 작은 차이에 사로잡히면 혜택받은 환경조차 견디기 어려운 고통이 된다. 그것은 때때로 자포자기의 행동이나 자살로 이어진다.

인간 알레르기인 사람은 사소한 차이에도 민감하게 반응하기 때문에 감정의 균형을 잃기 쉽다. 그래서 마음이 차분하지 못하고 쉽게 동요한다. 전체가 아니라 작은 부분들에 반응해버리므로 심하게 이상화하거나 반대로 심하게 실망하여 폄하하는 등 감정의 편차가 큰 것이다. 그 결과 부침이 심한 인생을 살게 된다.

적과는 공존할 수 없는 운명

또 한 가지 인간 알레르기의 본질적인 특성은, 자신과 어울리지 않는 것은 인정할 수 없다는 자기에 대한 강한 집착이다. 왜 그렇게 돼버린 걸까?

상처나 고통을 안고 있을 때 인간은 그것 말고 다른 생각은 할 수 없다. 만약 그 사람이 어린 시절부터 상처를 받거나 고통을 견뎠다면 자신을 지키는 데 필사적이었을 것이다. 상대방의 입장에서 생각하거나 자신의 잘못을 돌이켜보는 것보다 자기방어를 우선하고, 자신의 잘못조차도 정당화하는 논리나 신념을 자연스럽게 갖게 됐을 가능성이 크다. 타인을 적이나 라이벌로 인식하고, 자신에게 안 좋은 일이 생기면 그들이 악의를 품었기 때문이라고 여겨야 마음이 편하다. 그래서 이들은 결코 마음을 주지 않은 채 우위에 서서 타인을 조종하려 한다.

그러므로 적이나 라이벌과는 어차피 공존할 수 없는 운명이다.

자신이 살아남으려면 상대를 제거하는 수밖에 없다.

타인의 성공은 나의 불행

인간 알레르기인 사람은 자신의 버팀목이 돼주는 존재에게까지 불신감을 드러내고 공격을 가한다. 배우자나 자녀조차도 적이나 라이벌로 인식하여 마음을 내주지 않는다. 이 감정의 밑바탕에는 타인이란 방심해서는 안 되는 존재이고, 물리쳐야 할 적이나 라이벌이라는 개념이 들어 있다. 이에 따르면 행복도, 성공도 승자가 독점하는 것이므로, 누군가가 그것을 손에 넣으면 그만큼 자신의 몫을 빼앗기게 되는 셈이다. 따라서 타인의 행복이나 성공은 질투해야 할 원통한 일일 수밖에 없다. 부부나 부모 자식 관계에서도 마찬가지이다.

이렇게 생각하는 이유도 따지고 보면 충분한 애정을 받지 못하고 자랐기 때문이다. 애정은 마치 수량이 한정된 파이와 같아서 누군가가 먹으면 그만큼 자기 몫이 줄어들기 때문에 늘 신경 써야만 하는 것이다. 부모가 마음에 여유가 없거나 자식에게 사랑을 쏟을 수 없는 사정이 생기면 애정도 한정적이 된다. 때로는 부모가 인간 알레르기를 앓고 있어서 자기애를 충족하는 데 급급한 나머지 자식을 돌보지 못하는 경우도 있다.

평소 충분히 공감해주는 부모 밑에서 자란 아이는, 부모의 보살핌이 설령 부족하더라도 무한한 애정을 느끼면서 클 수 있다. 형제가 아무리 많아도 자기 몫의 애정을 빼앗길 거라고 생각하지 않는다. 자신을 누구보다 더 잘 이해해주고 여차하면 도움을 줄 수 있는 사람이 옆에 있다고 믿기 때문이다. 이처럼 마음을 헤아려주고 공감해주는 가정환경 속에서 성장한 아이는 타인과도 쉽게 공감할 수 있다. 기쁨을 서로 나누어 가지려 하고 어려움에 처했을 때는 버팀목이 되어준다.

하지만 기본적으로 공감을 잘하는 인물이라 해도 적이나 라이벌과 날마다 생존경쟁을 하면 다정함이나 배려심을 잃어버리고 만다. 설령 생존경쟁에서 살아남았다 해도 마음속에 인간 알레르기를 품게 된다. 승리와 성공은 얻었어도 그 대가로 인간에 대한 신뢰와 사랑을 잃고 마는 것이다.

나조차도 믿지 못한다

인간 알레르기인 사람은 가족뿐만 아니라 자기 자신에게도 불신감과 위화감을 느낀다. 자신을 있는 그대로 긍정하지 못하고, 결함투성이에 무능하고 사랑할 가치가 없다고 여기는 경향이 있다. 그래서 지나치게 비굴하거나 다른 사람과 대등한 관계를 갖지 못한다. 무엇을 해도 안심하지 못하고, 성공이나 행운의 한복판에 서 있어도 어차피 언젠가 실패할 거라고 예측한다. 그런 부정적인 확신과 태도가 힘들게 잡은 기회나 행운을 물리치고 불운이나 실패를 끌어들인다.

음주나 흡연에 의존하는 이유는 지나친 스트레스에서 벗어나기 위해서이기도 하고, 마음속에 내재된 불신감과 공허감을 떨쳐내기 위해서이기도 하다.

겉으로 내보이는 것은 자신의 거짓된 모습이며 행동과 마음이 일치하지 않는다는 느낌을 가진 것도 중요한 징후이다. 인간 알레르기의 유일한 징후가 그것뿐인 경우도 있다. 겉으로는 인간을 진심으로 사랑하는 듯 행동해도 사실 모든 것은 눈속임일 뿐이며, 그 밑바탕에는 인간에 대한 공포와 불신이 소용돌이치고 있는 것이다.

인간 알레르기의 다양한 증상

상처받기 쉬운 성격, 공감 능력의 부족, 자신에 대한 집착, 극단적인 성향이 악순환의 고리를 형성하고 과도한 이물 반응인 인간 알레르기를 일으킨다. 사회 부적응, 인간관계의 갈등, 가정불화, 육아 문제 등 고단한 삶의 배경 속에서 인간 알레르기가 탄생하는 것이다. 증상이 심하면 병명이 붙는 수준에까지 이르기도 한다. 그러나 치료를 받을 정도는 아니더라도 일상적으로 피곤함을 느끼는 경우도 많다. 또한 특정 상황에서 특정 인물에게만 강한 거부 반응을 보일 때도 많다.

안타깝게도 현대 정신의학은 겉으로 드러나는 증상에 따라 질환을 분류하는 방법(증상 진단)을 쓰고 있다. 그 때문에 증상마다 각기 다른 진단명이 내려져 증상의 진짜 원인이 무엇인지는 알기 어렵다.

예를 들어 콧물과 재채기가 계속 나오고 눈이 가렵고 충혈되며 밤에도 잠을 못 자고 온몸이 나른하며 쉽게 피곤해져 의욕도 생기지 않는 상태에 빠져 있다고 하자. 증상 하나하나에 제각기 병명을 붙이면 비염, 결막염, 불면증이다. 여기에 전신피로, 의욕 저하 등의 전신 증상으로 이름 붙일 수도 있고, 감기 같은 바이러스 감염증, 우울증 따위의 병명까지도 추가할 수 있다.

그러나 알레르기에 대해 어느 정도 지식을 가진 현대인이라면 딱 감이 올 것이다. 바로 꽃가루 알레르기가 근본적인 원인이라는 것을 말이다. 이것을 아는 순간 비로소 모든 증상을 설명할 수 있는 병인(病因) 진단이 가능해진다.

마찬가지로 인간 알레르기의 증상도 불안이 강하면 불안 장애, 의욕이 떨어지거나 쉽게 피로해지고 기분이 침울해지면 우울증, 잠을 잘 수가 없으면 수면 장애와 같은 병명을 붙인다. 그리고 각 증상에 대한 약을 처방한다. 결국 무엇이 원인이고 무슨 일이 생겼는가는 여전히 해결되지 않은 상태 그대로다.

하지만 이 모든 증상이 인간 알레르기 때문에 생겨난 것이라면 인간 알레르기라는 하나의 병인으로 모든 것을 설명할 수 있다. 그렇다면 인간 알레르기와 관련된 증상은 현대 정신의학에서 어떤 병명으로 명명하고 있는지를 살펴보자.

① 사회 불안 장애

과거에는 대인 공포증이나 대인 긴장증이라고 부르던 것들이 대부분 여기에 해당된다. 사람이 많은 곳에 가거나 사람들 앞에 나서서 이야기하는 것에 강한 불안을 느낀다. 주변 사람들의 눈치를 많이 보고, 누군가를 정면으로 보는 게 두려워 시선을 잘 맞추지 못한다. 이런 증상의 뿌리에는 인간에 대한 과도한 공포감이 자리 잡고 있으며 인간 알레르기가 잠재되어 있는 경우가 많다.

② 적응 장애

학교나 회사 등 환경에 쉽게 적응하지 못하고, 스트레스 때문에 우울증이나 불안이 심해지는 상태를 말한다. 이 진단에는 환경에서 받는 스트레스나 환경과 본인 사이의 불협화음이 원인이라는 의미가 담겨 있기 때문에 예외적으로 병인을 언급한 진단이라 할 수 있다. 인간 알레르기가 있으면 인간관계에서 필요 이상으로 스트레스를 받아 적응 장애를 일으키기 쉽다.

③ 인격 장애

행동과 감정, 인지의 편향으로 생활뿐만 아니라 대인 관계에서도 어려움을 겪는 상태를 말한다. 앞에서 말했듯이 인간 알레르기의 특징으로도 행동, 감정, 인지 면에서 특유의 편향성이 있으므로 수많은 종류의 인격 장애에는 인간 알레르기가 내재되어 있다고 추측할 수 있다.

타인과 교류하는 데 기쁨이나 흥미를 느끼지 못하고 고독을 좋아하는 분열성 인격 장애, 상처받지 않기 위해서 친밀한 관계를 거부하는 회피성 인격 장애, 가까운 사람조차 믿지 못하고 시기심이 강한 망상성 인격 장애, 자기 부정이 심하고 자신은 어차피 버림받을 거라는 잘못된 확신에 빠져 상대에게 매달리거나 공격하는 경계성 인격 장애. 이와 반대로 지나친 과시욕에 사로잡혀 타인을 깔보는 자기애성 인격 장애. 이런 모든 인격 장애의 공통점은 인간 알레르기이다.

④ 기분 변조증

늘 부정적인 감정과 사고방식에 사로잡혀 불만이나 신체 이상을 호소한다. 가벼운 우울증이 1년 반 이상을 차지하는 유형이다.

뒤에서 서술하겠지만 인간 알레르기가 일반화된 사람들에게서 자주 발견할 수 있는 증상이다.

⑤ 강박성 장애

특히 불결 공포에 시달리는 유형은 타인이 만졌을 법한 문손잡이나 난간을 잡는 데 강한 저항감을 느낀다. 의자나 좌변기에 앉는 것도 더럽다고 생각해 외출했다가 돌아오면 옷을 전부 갈아입지 않고는 못 배긴다. 타인을 불결하다고 생각해 과도하리만치 거부하고 제거하려는 병리 현상은 인간 알레르기와 관련이 깊다. 실제로 이 경우, 결벽증과 함께 대인 긴장 증상이 심해서 타인과 편하게 어울리지 못하는 것이 보통이다.

⑥ 신체 추형 장애

자신의 얼굴이나 몸이 추하다고 믿는 것으로, 마음속의 자기 모습이 부정적으로 왜곡되어 있다. 시선 공포나 대인 공포가 공존하는 경우도 많으며, 사람과 어울리는 것을 피하려 한다. 중심적인 병리 현상은 인간 알레르기인 경우가 많다.

2장

"왜 사람이 사람을 믿지 못하는가?"

인간 알레르기의 역사

나 는 왜 저 인 간 이 싫 을 까 ?

앞 장에서 살펴보았듯 인간이 인간을 과도한 이물질로 인식하고 거부 반응을 보이는 증상, 즉 인간 알레르기는 부지불식간에 우리 안에 퍼져 여러 가지 문제를 만들고 있다. 지금까지 인간 알레르기라는 시각으로 파악하지는 못했지만 그런 현상은 먼 옛날부터 존재했고, 우리는 다른 이론으로 이 현상을 이해했다. 이번 장에서는 타인을 거부하고 배제하는 심리에 대해 인류의 역사에서 어떻게 다루었고 이해했는지를 살펴보고자 한다.

인간의 본성은 악하다

'인간의 본성은 악하다, 선한 것은 인위적(人僞的)인 것이다'라는 유명한 말을 남긴 중국의 사상가 순자(荀子, BC 298?~238?)는 인간성의 본질을 악하다고 보았다. 그는 이 말 바로 뒤에 이렇게 덧붙였다. '인간은 태어나면서부터 서로를 미워한다.' 인간은 천성적으로 타인을 미워하는 성질을 가지고 있다는 것이다. 순자는 이런 성악설(性惡說), 즉 인간성에 대한 비관적인 견해로 출발해, 법(法)과 예(禮), 의(義) 같은 질서의 중요성을 설파했다. 그렇기 때문에 오로지 교화만이 분쟁을 막고 사회를 혼란으로부터 지킬 수 있다는 논리이다.

예와 의를 중시하는 공자(孔子, BC 551?~BC 479?)의 가르침을 이어받으면서 '인간의 본성은 착하다'는 성선설(性善說)을 주장한 맹자(孟子, BC 372?~BC 289?)를, 순자는 통렬하게 비판했다. 그는 인간의 본성이 선하다면 왜 예와 의가 필요한 것이냐고 반문하며, 선한 성질은 강한 의지와 노력의 축적으로 비로소 몸에 밴다고 주장했다.

이탈리아의 정치사상가 니콜로 마키아벨리(Niccolò Machiavelli, 1469~1527)도 역시 인간의 본성에 숨어 있는 악을 직시하고 철저한 현실주의에 의한 정치를 역설했다. 마키아벨리의 인간관에는, 사람의 마음은 쉽게 움직이고 욕심 앞에서 잘 굴복하므로 믿을 만하지 못하다는 의심의 눈초리가 깊게 뿌리박혀 있다. '인간은 사악한 존재이므로 당신에게 신의를 지켜야 할 필요도 없고, 당신이 신의를 지킬 필요도 없다'라고 마키아벨리는 단정 짓는다. 따라서 그런 인간에게 속지 않기 위해서는 공포 정치를 해야 하며 신의를 중시하는 척하면서도 아무도 믿지 않는 교활함이 필요하다고 말한다.

영국의 사상가 토머스 홉스(Thomas Hobbes, 1588~1679)는 자연 상태에서는 '만인의 만인에 대한 투쟁'에 빠져 필연적으로 타인은 적이 될 수밖에 없으므로, 그 상황에서 벗어나 평화를 유지하기 위해서 법과 계약, 국가가 탄생했다고 강조한다. 그의 사상에도 인간을 사악한 존재로 보는 비관적 견해가 담겨 있다.

타인이란 언제 나를 공격할지 모르는 적이라는 인식은, 그 이후에도 현실주의적인 인간관으로 뿌리 깊은 지지를 얻고 있다.

마음속에 숨어 있는 괴물, 르상티망

홉스의 자연관과는 정반대되는 전제에서 출발하면서 결과적으로 인간이 가진 사악함의 기원을 해석한 사람이 스위스에서 태어난 사상가 장 자크 루소(Jean-Jacques Rousseau, 1712~1778)이다. 그는 『인간 불평등 기원론』에 자연 상태에서 인간은 서로에게 연민을 느끼는 평등한 존재라고 밝혔다. 그런데 소유와 경쟁 때문에 우열이 극명해지자 질투심과 불행감이 생겨나고, 그로 인해 분쟁과 약탈이 일어나 인간을 사악한 존재로 바꿨다고 설파했다.

인간이 사악해진 근본 원인으로 우열을 자각하는 데서 생긴 질투심을 꼽은 건 루소의 혜안이라 할 수 있다. 성서에서 처음 거론된 살인은 형 카인이 동생 아벨을 살해한 것이다. 형은 신의 총애를 받던 동생을 질투했다. 사랑받지 못한다는 불행감은 타인에 대한 연민을 잃게 만들고, 불신감과 증오를 불러일으킨다. 카인과 아벨의 이야기는 타인을 배척하려는 심리를 보여주는 가장 오래된 사례 중 하나라고 할 수 있다.

그런데 이런 비극은 인간이 평등을 추구하기 위해 벌인 일이라고도 할 수 있다. 자신도 똑같이 사랑받고 인정받고 싶은 마음이 있기 때문에 자신만 외면당하는 불행감을 맛보게 되면 혜택받은 사람에게 적대감이 생기는 것이다.

독일의 철학자 니체(Friedrich Wilhelm Nietzsche, 1844~1900)는 인간의 마음속에 숨어 있는 질투심과 불행감에 주목했으며 그것을 '르상티망(ressentiment)'이라고 불렀다. 그는 기독교 도덕 그 자체가 타인의 행복을 질투하는 르상티망에 의한 것이라고 말하며, 우리는 선악을 초월한 피안의 세계에 서 있는 초인을 기다려야 한다고 주장했다. 이 사상은 훗날 나치 세력이 권력의 도구로 잘 이용했다.

애당초 니체의 주장 자체에도, 변변찮은 삶을 살 수밖에 없는 사랑받지 못한 고독한 인간의 르상티망이 내재된 것이라고 할 수 있다.

투영과 피해망상

오스트리아의 정신과 의사 프로이트(Sigmund Freud, 1856~1939)는 '투영(投影)'이라는 메커니즘을 발견했는데, 이것은 르상티망에 의한 이물질 배척 현상을 심리학적으로 이해하는 데 많은 도움을 준다.

프로이트가 투영을 발견한 것은 망상증 환자를 진찰할 때였다. 불쾌함은 자신에게서 기인하는 것인데, 망상증 환자들은 그 원인을 외부에서 찾으려 했다. 거기에서 실마리를 얻은 프로이트는, 자신의 내부에서 받아들이기 힘든 욕망과 악의를 타인에게 전가하는 방어 메커니즘을 망상증 환자들뿐만 아니라 일반인들도 폭넓게 사용한다는 사실을 발견했다. 즉 사악한 욕망이나 악의를 품고 있는 것은 자기 자신이지만 그것을 인정하고 싶지 않기 때문에 타인에게 투영하는 것이다. 그렇게 함으로써 타인이 사악한 욕망과 악의를 품고 있다고 여긴다.

자신의 좋은 점을 투영하는 경우와 나쁜 점을 투영하는 경우가 있는데, 나쁜 투영은 자신의 뜻에 반하는 존재를 겨냥한다. 자신이 상대에게 악의나 불만을 품고 있으면 실제로 상대가 어떤 마음인지와는 관계없이 그가 자신에게 악의를 품고 있다고 단정 짓는다. 상대의 지나친 욕망 때문에 자신의 행복이 줄어들었다고 판단해버리는 것이다.

지금은 일반적으로 많이 사용하는 피해망상이라는 개념은 자신의 불안이나 공포, 불행감을 주변 사람에게 투영한 산물이다. 친근한 인간관계에서 드러나는 적대감이나 대립, 르상티망이 희생양을 요구하는 구조를 이해하는 데도 큰 도움이 된다.

왜 거부 반응을 일으키는가?

투영과 비슷하지만 조금 다른 현상으로 '전이(轉移)'가 있는데, 이 또한 프로이트가 발견했다. 전이란 과거의 어떤 인물에게 품은 감정을 다른 인물에게 투사하는 현상이다. 프로이트는 환자가 치료자에게 보이는 감정이, 자신의 부모에게 품은 감정의 재현이라는 사실을 깨달았다. 아버지를 존경하고 사랑하던 환자는 프로이트에게 존경심과 사랑 같은 긍정적인 감정을 품는 경향이 있었다.

긍정적인 감정을 수반하는 전이는 '양성 전이(陽性轉移)'라고 하며, 받아들이는 측에서도 나쁜 기분은 들지 않는다. 그 기분에

호응하여 상대도 그 사람에게 좋은 감정을 품기 쉽다. 이런 현상을 '역전이(逆轉移)'라고 부른다.

그런데 부모에게 반발이나 적대감을 품은 환자는 치료자에게도 적대감을 드러내는 경우가 많다. 이것을 '음성 전이(陰性轉移)'라고 한다. 본인은 그것을 자각하지 못하지만 치료자가 친절하게 대해도 일부러 못되게 반응하므로 다루기가 어렵다. 또한 치료자가 도와주려는 행동을 취해도 욕설을 퍼붓거나 능력을 깎아내리며 자존심을 짓이기는 경우도 있다. 환자 스스로도 왜 그렇게 행동하는지 잘 알지 못한 채 모순에 사로잡힌다. 그렇게 되면 보통 치료자도 그 감정에 휘말려 분노와 비난으로 반응한다. 그리고 그 사람에게 껄끄러움이나 불쾌한 감정을 품게 된다. 이때는 음성 전이의 역전이가 발생한다.

음성 전이와 역전이는 심리적 거부 반응의 메커니즘을 설명하는 데 유용한 개념이라 할 수 있다.

인생 최초의 이물질, 아버지

프로이트가 발견한 '오이디푸스 콤플렉스'도 잠깐 언급해둘까 한다. 오이디푸스 콤플렉스는 어머니를 둘러싸고 아들과 아버지가 벌이는 삼각관계를 뜻하며, 아버지를 죽이고 어머니를 독점하고 싶다는 아들의 욕망과 그런 욕망을 품은 것에 대한 죄책감, 그리고 아버지의 뜻을 거슬러 거세당할지도 모른다는 공포가 뒤섞인 것이다. 그러한 원망과 공포를 억압하는 것이 공포증이나 강박신경증, 불안신경증 등의 원인이 된다고 프로이트는 생각했다.

확실히 엄격한 아버지에게 마음을 터놓지 못하거나 학대를 받은 사람들 중에는 대인 관계에서 긴장이나 불안을 느끼고 자기 자신을 억압하는 성격이 많다. 아버지에게 품었던 긴장감을 타인에게도 고스란히 품게 되는 것이다. 힘이 센 남성이나 권위적이고 건방진 사람에게 거북함을 느끼는 경우도 많다. 그 사람에게 아버지를 투영하게 되고 어느샌가 적대감이 생겨 싸우게 되는 것이다.

인간에 대한 공포와 적대감의 원천으로써 '최초의 이물질'인 아버지의 역할은 무시할 수 없는 존재라 할 수 있다.

사랑받고 싶은 욕망, 죽고 싶은 본능

프로이트가 만년에 주장한 '죽음의 본능'이라는 개념은 그의 범성욕주의 이론과 나란히 이견이 많고, 오늘날에는 그다지 화제로 삼지 않는다. 하지만 공격과 살육이 반복되는 현실과 죽음의 충동에 사로잡힌 듯한 사람이 적지 않은 상황을 보면 전혀 황당무

계한 생각이 아닐지도 모른다.

　분자생물학의 영역에서는 자살 유전자라고 부르는, 세포사(細胞死, apoptosis, 세포 소멸 또는 고사(枯死)라고도 하며, 세포가 자신이 지닌 프로그램을 작동하여 자살하는 현상-옮긴이)를 일으키는 시스템이 존재한다는 사실이 알려짐으로써 사는 것뿐만 아니라 죽는 것 또한 생명 자체에 프로그래밍되어 있다는 인식이 퍼지게 되었다. 산다는 것은 죽음을 향해 한 발짝씩 다가가는 과정이므로 인간은 죽음으로 향하는 존재이다. 생명에는 늘 죽음이 깃들어 있어서 삶과 죽음은 계속 치환된다. 인생의 끝은 죽음이 아니며, 인생의 시작이 죽음의 시작이다. 또한 인생을 성실히 살아내는 것이 죽음의 완성이다.

　포식 동물에게는 공격 본능이 갖추어져 있다. 죽음의 본능, 즉 타나토스(thanatos, 죽음을 의인화한 신의 이름이자, 프로이트의 용어로 공격, 자기 파괴로 향하는 '죽음의 본능'을 가리키는 말이다-옮긴이)는 본래 생존을 위한 본능이며, 공격의 원동력을 만드는 충동으로 여겨져 공격적 본능 충동이라고 바꿔 부르기도 한다. 이는 사랑의 본능인 에로스와 대비되는 개념이다. 그러나 사랑의 본능과 죽음의 본능은 본래 대립하거나 서로 싸우는 것이 아니다. 사랑의 본능은 좋은 것이고 죽음의 본능은 나쁜 것이라는 이분법적 논리나, 사랑의 본능이 죽음의 본능을 억제하여 조종할 수 있다는 생각은 오해를 불러일으키기 쉬운 착각이다. 마음이 미성숙한 상태에서는 사랑의 본능도 죽음의 본능 못지않게 감당하기 어렵다. 사랑의 본능 때문에 스스로를 해치는 경우는 얼마든지 있다.

애욕적 본능 충동 에로스와 공격적 본능 충동 타나토스는 성장과 함께 통합되고 혼연일체를 이루지만 균형이 잡히지 않거나 분리된 상태 그대로라면 어느 한쪽만 폭주하여 자살 같은 파괴 행위를 감행할 위험도 늘어난다.

내 임상 경험으로 보건대 사랑받고 싶은 본능이 원만히 충족되지 않을 때, 파괴적 행동을 하는 경우가 많았다. 인간은 기본적인 본능이 충족되지 않으면 타인을 배려하고 소중히 여기는 공감 능력도, 자신을 돌아보고 충동을 억제하는 능력도 모두 성장하지 못하거나 정상적인 기능을 할 수 없기 때문이다.

증오는 사랑의 재

죽음의 본능이 타고난 거라는 사고방식에서도 드러나듯 프로이트는 사랑과 증오 역시 태어날 때부터 갖고 있는 거라고 생각했다. 또한 오이디푸스 콤플렉스를 인간의 핵심 갈등이라 여길 정도로 부자 관계를 중시했다.

정신분석학을 공부한 사람들 중에서는 이와 다른 의견을 말하는 사람들이 등장했는데 그중 한 명이 영국의 정신과 의사인 이

언 서티(Ian D. Suttie, 1889~1935)이다. 서티는 후천적인 요소, 즉 어머니와의 관계를 중시했으며 『애증의 기원』을 통해 유아기에 겪은 체험이 증오를 만든다는 가설을 제시했다.

서티는 유아의 마음은 부모(혹은 양육자)에게 적응하면서 형성되므로 본능적인 충동 덩어리가 아니라는 관점에서 논의를 시작한다. 유아는 타인에게 의존하면서 자립하고 성장하는데, 자신을 둘러싼 환경이 위험에 노출되면 정서적인 스트레스가 생겨난다. 유아가 의존하는 것을 서서히 포기하고 심리적 이유기(離乳期)로 접어드는 데 결정적인 역할을 수행하는 것은 '사랑의 대상'인 어머니뿐이다. 외부 요인이 그런 어머니 본연의 역할을 방해하면 유아는 정서적으로 스트레스를 받는데, 이것은 장차 정신 질환의 원인이 되기도 한다. 즉 증오는 선천적인 파괴 본능이 아닌 '좌절한 사랑'인 것이다. 이런 사고방식은 다음 장에서 이야기할 클라인이나 클라인에게서 배운 위니콧, 또 애착 이론을 주장한 볼비 등에 영향을 주었다.

생각대로 안 되면 화를 내는 사람들

멜라니 클라인(Melanie Klein, 1882~1960)은 우울증에 시달렸는데, 이를 계기로 프로이트 학파의 정신분석 이론을 받아들였고, 그것을 극복한 후에는 아동 정신분석에 힘쓴 여성 정신분석학자이다. 프로이트의 딸 안나와의 불화 때문에 결국 프로이트 학파를 떠났고 독자적인 학파를 만들었다.

클라인은 프로이트의 '죽음의 본능' 개념에 영감을 얻어 유아가 가진 파괴적인 공격성에 주목했다. 유아는 젖이 잘 나오는 '좋은 가슴'에는 만족스럽게 반응하지만 젖이 잘 나오지 않는 '나쁜 가슴'에는 울면서 격렬하게 항의할 뿐만 아니라 분노에 사로잡혀 공격적인 태도를 취한다. 이때 유아는 어머니의 일부인 가슴이 자신의 욕구를 충족하는지 그렇지 않은지에만 관심이 있을 뿐, 어머니가 늘 자신에게 안락함과 영양을 제공해준다는 것에는 신경 쓰지 않는다. 클라인은 이런 단계를 '부분 대상관계(對象關係, 자신과 타인 간의 정서적 유대 – 옮긴이)'라고 불렀다. 그에 반해 어머니를 좋은 측면과 안 좋은 측면을 모두 갖춘 존재로 인식하는 단계를 '전체 대상관계'라고 부르며 구분했다.

전체 대상관계를 형성하기 위해서는 어머니가 충분한 보살핌과 애정을 듬뿍 쏟아붓는 게 중요하다고 클라인은 말한다. 단 엄격함도 어느 정도는 필요하다고 덧붙인다. 그래야 아이는 세상일이 자기 생각처럼 되지 않는다는 것도 알 수 있고, 때로는 어머니한테 혼남으로써 자기 잘못을 돌이켜보는 법도 배울 수 있다. 전체 대상관계가 부분 대상관계보다 더 발달한 점은 크게 세 가지로 정리할 수 있다.

첫 번째는 상대방을 자신의 일부처럼 여기는 관계에서 자신과 타인을 구별하는 관계로 발달한다는 점이다.

두 번째는 자신의 의도대로 일이 진척되지 않을 때, 남에게 책임을 돌리고 분노나 공격으로 반응하는 외벌적(外罰的) 반응이 아니라 자신에게도 잘못이 있을지 모른다고 돌아보는 자벌적(自罰的) 반응이 발달한다는 점이다. 이것은 자성력(自省力)의 발달에 비례한다.

세 번째는 상대방의 입장에서 생각할 줄 안다는 점이다. 여기서 공감 능력이 생기기 시작한다.

이 세 가지 변화는 한꺼번에 일어난다. 자신을 돌아보는 내성력이 높아지면 공격성을 조절하는 능력도 발달한다. 그리고 공감 능력이 생겨서 상대방의 마음을 헤아릴 수 있게 되면 공격성에 제동을 건다. 공격성은 자성력과 공감이라는 이중의 브레이크 구조로 이루어진 것이다.

거꾸로 말하면 부분 대상관계에만 머물러 있는 사람은 자신과 타인의 경계에 대한 개념이 없고, 상대방이 자기 생각대로 움직이기를 바라며, 그 기대에 어긋나면 격렬하게 분노를 느끼고 만다. 잘되지 않는 건 전부 상대방 탓으로 돌릴 뿐, 자신을 돌아보지도 상대방의 기분을 생각하지도 않기 때문에 공격성을 조절하지 못한다.

자신의 잘못을 받아들이는 데 불쾌감을 느껴 오히려 고압적이 된다. 그리고 상대방을 공격해 우위에 서는 것으로 자신을 보호하려 한다. 이런 방어 메커니즘을 '조적 방어(躁的防禦)'라고 부른다. 잘못한 사람이 도리어 화를 내는 것은 조적 방어의 결과다.

클라인의 대상관계 이론은 생각처럼 되지 않는 사람을 이물질(혹은 악)이라고 규정하고 공격하려는 메커니즘을 이해하는 데 선구적인 역할을 했다.

사랑받지 못한 자의 증오

동료조차 사랑하지 않고 증오하는 마음의 병을 이해하는 데 유용한 이론이 있다. 바로 미국의 정신분석학자 하인즈 코헛(Heinz Kohut, 1913~1981)이 주창한 자기애(自己愛) 이론이다.

자기애가 균형 있게 충족되어 건전한 발달을 이루면 자신이 소속된 집단이나 동료에게도 자연스러운 애정이 생겨난다. 하지만 가장 사랑받고 싶을 때 상처 입거나 무시당하면 자신이 인정받고 사랑받는다고 느끼지 못한 채 성장한다. 그러면 위태롭고 허약한 자기애만 형성되기 때문에 자신을 사랑하지 못할뿐더러 동료나 모든 인간에게도 불신감을 품는다. 또한 그들이 불행해지기를 바란다.

자신감 과잉으로 타인을 우습게 여기는 자기애성 인격 장애인 사람은, 어린 시절 자기애를 충족하지 못한 채 미숙한 발달 단계에 머물러 있다. 외형적인 성장과는 달리 내면에 있는 것은 열등감에 사로잡힌 유치한 자기애이다. 그것을 보완하기 위해 오만하게 굴거나 주변 사람들에게 은근히 칭찬을 요구한다.

정신분석학자인 데이비드 만에 따르면 자기애성 인격 장애의 가장 큰 문제는 자기애가 지나치게 강한 것이 아니라 자신과 타인 모두를 사랑하지 않는 것이라고 한다. 그리고 그 뿌리에는 지나치게 강한 증오가 박혀 있다고 한다. 즉 과도한 증오야말로 자기애성 인격 장애의 본질이라 할 수 있다. 그것은 사랑받지 못한 것에 대한 증오이다. 사랑받지 못하는 자신, 자신을 사랑해주지 않는 타인, 그리고 사회 전반에 대한 증오가 마음속 깊은 곳을 지배한다. 타인에게 사랑 같은 건 더 이상 기대하지 않는다. 진정한 사랑을 바라면 또다시 상처만 입을 거라 예상하기 때문이다. 따라서 타인에게는 돈이나 물건, 육체 또는 복종이나 봉사만을 원한다. 자신이 시키는 대로 하면 만족하고, 그렇지 않으면 모두 망가뜨린다. 자신을 거스르는 존재는 보기 싫은 이물질에 불과하므로 없애버리고 싶어 하며, 자신과 동일한 것만을 받아들인다. 그런 마음을 불러일으키는 것은 상처받은 자기애에서 솟아나는 분노이자 증오이다.

애착 장애와 인간 알레르기

타인을 받아들이거나 거부하는 것을 좌우하는 시스템으로 최근 주목받고 있는 것이 애착이다. 애착은 아이와 양육자 사이를 연결하는 끈이다. 영국의 정신과 의사 존 볼비(John Bowlby, 1907~1990)가 발견했고, 미국의 심리학자 해리 할로(Harry Harlow, 1905~1981)가 그 이론을 입증했다. 그 후 많은 연구를 통해 애착은 어린아이의 성장과 발달에 필수적인 역할을 수행할 뿐만 아니라 성인이 되고 난 후의 대인 관계나 애정 생활, 스트레스 내성, 심신의 건강을 좌우한다는 것도 밝혀졌다.

애착은 인간뿐만 아니라 포유류, 특히 사회성이 높은 포유류에게 공통적으로 나타난다. 어린아이는 애착 대상에게 꼭 달라붙어 충분히 보살핌을 받고 관계를 맺음으로써 기본적인 심리적 안정감과 사회성의 토대를 얻는다. 안정된 애착 관계를 형성하려면 시간적 한계점인 한 살 중반까지 특정한 양육자와 충분히 밀착하고 교감하며 깊은 관계를 구축하는 게 반드시 필요하다.

애착 장애는 불행하게도 그런 기회를 충분히 얻지 못해 애착 형성이 불완전해짐으로써 생겨난다. 양육자가 아이에게 깊은 애정을 쏟는 것을 게을리하거나 편안함을 주는 존재로서 제 역할을 하지 못하고 자주 바뀌는 것도 원인이다. 다 자란 이후의 애착 관계에 따라 어느 정도 보완할 수도 있지만 어린 시절 받은 상처가 크면 불안정한 애착 성향을 계속 가지고 있기 때문에 편안한 인간관계를 유지하기는 쉽지 않다.

애착이 제대로 형성되지 못한 경우에도 크게 두 가지 유형이 있다. 친밀한 인간관계를 맺지 못한 채 고독한 생활을 즐기며, 사람과 사귀더라도 표면적인 관계에 머무르는 유형은 '회피형'이라고 부른다. 또 하나는 친밀한 인간관계에 지나치게 집착하며 다가가고 멀어지기를 반복하는 유형으로, '불안형'이나 '저항/양가형(兩價型)'(그냥 양가형이라고 부를 때도 있다)이라고 부른다.

회피형 인간은 좀처럼 친밀한 관계를 갖지 못한다. 가령 가정을 꾸린다 해도 왠지 모르게 불성실한 태도를 취하고 만다. 배우자나 자식을 방치하기 쉽고 그러다 보니 서서히 원망과 분노를 사게 된다. 하지만 회피형 인간 자신은 그 사실을 전혀 깨닫지 못한다. 회피형 인간이 더 이상 경제적 역할을 할 필요가 없어지면 가정에서 배제되는 경우가 많은데 이것도 오랜 세월 쌓은 부덕의 소치라 할 수 있다.

반면에 불안형 인간은 자신이 버림받지나 않을까, 거부당하지나 않을까 하는 불안에 시달린다. 그래서 지나치게 상대의 애정이나 인정을 바란다. 불안형의 다른 이름인 양가형의 '양가(ambivalence)'란 상대방에게 과도하게 의존하는 한편, 상대방의 사소한 잘못에도 화를 내는 상반되는 경향이 공존하는 것을 가리킨다. 그 때문에 자신에게 버팀목이 되어주거나 이익을 가져다주는 사람에게도 엄격한 잣대를 들이대 전부 부정하는 말을 내뱉고 만다. 그러면 상대방도 넌더리가 나서 결국 관계가 끝나버리는 경우도 많다. 자신의 행동 때문에 평소 두려워하던 일이 현실이 되고 마는 것이다. 강한 인내심을 가지고 지지해주는 상대를 만나지 못하는 이상 두 가지 유형 모두 안정된 행복을 손에 넣기는 힘들다.

또한 애착 장애인 사람은 스스로 충분한 보살핌과 사랑을 받고 자라지 못해서 자녀를 양육하는 데 어려움을 느낀다. 상처가 깊은 사람은 자식을 갖는 걸 두려워하는 경우도 많다.

대인 관계나 양육 문제와 함께 애착 장애의 두드러진 특징이 하나 더 있는데 그것은 자기 자신에게 편안하지 않다는 점이다. 이들은 스스로에게 위화감이나 부정적인 감정을 갖고 있다. 예를 들어 '나는 어딘가 이상하다, 뭔가가 결핍되어 있다, 왠지 허전하다, 살아가는 의미를 모르겠다'는 존재 자체에 대한 의심을 마음 깊은 곳에 품고 있다. 그 때문에 정체성을 확립하는 데도 어려움을 겪는다. 또한 예민하고 스트레스에 약하다. 언뜻 강인하거나 쿨하게 보이는 경우에도 사실은 몸이 스트레스를 느껴 맥없이 망가지기도 한다. 실제로 애착이 불안정한 사람은 우울증이나 심신증 등에 걸리기 쉬운 경향이 있다. 대체로 타인에게 혐오감이나 거부 반응을 보이며 괴로워하는 사람들은 불안정한 애착 성향을 갖고 있는 경우가 많다.

다만 애착이 안정된 사람이라도 특정 인물에게만큼은 강한 혐오감이나 거부 반응을 보이는 경우가 있다. 반대로 애착이 불안정한 사람이라도 특정 인물만큼은 다정하게 받아들이는 경우가 있다. 인간이 인간에게 보이는 혐오감과 거부 반응은 이처럼 애착 이론만으로는 설명할 수 없는 사회 문화적인 부분도 많다.

스트레스와 트라우마

인간이 인간에게 보이는 혐오감과 거부 반응을 이해하는 데 또하나 유용한 것이 있다. 바로 스트레스나 트라우마(심적 외상)에 대한 이론이다.

스트레스를 받으면 방어 반응이 생기는데, 이것을 스트레스 반응이라고 부른다. 스테로이드 호르몬을 분비하는 것과 동시에 교감신경을 자극하여 위급한 상황에서 초인적인 힘을 발휘해 난국을 극복하는 것이다.

하지만 그것은 뇌나 신체를 무리하게 만든다. 잠시 동안이라면 참을 수 있겠지만 만약 그 상태가 길어지거나 스트레스가 심하면 과도한 신경 흥분이 계속되어 몸과 마음에 악영향을 끼칠 수 있다. 단적인 예를 들면 위궤양, 고혈압, 당뇨, 뇌 기능 저하, 해마 위축 등의 증상이 나타난다.

그런 강한 스트레스가 일으키는 어쩔 수 없는 후유증이 외상 후 스트레스 장애(PTSD), 즉 트라우마이다. 트라우마는 단 한 번의 가혹한 체험으로 생길 수 있고, 단기간이라면 참을 수 있는 스트레스가 장기간에 걸쳐 나타나는 바람에 한계를 뛰어넘음으로써 생길 수도 있다.

트라우마가 생긴 사람은 과각성(過覺醒, hyperarousal, 자극에 과민하게 반응하는 상태 - 옮긴이)이나 플래시백으로 고생할 뿐만 아니라 그 체험과 관련된 상황을 회피하게 된다. 어떤 인물한테 불쾌감을 느끼면 그 인물을 보는 것만으로 몸이 경직되고, 얼굴이 일그러지며, 가슴이 뛰거나 숨쉬기 힘든 자율신경 반응을 일으킨다.

하지만 트라우마의 영향은 거기에서 그치지 않는다. 인간은 극도로 안전을 위협받으면 세상뿐만 아니라 인간에 대한 믿음을 잃기 쉽다. 그때까지 마음을 허락했던 가족이나 친구조차도 낯선 존재로 느끼고 거부하게 된다. 트라우마는 트라우마와 직접 관계가 없는 사람과의 관계까지 파괴하고 마는 것이다.

그럼 타인에게 보이는 혐오나 거부 반응은 어떤 트라우마의 결과일까?

확실히 트라우마가 원인이 되기도 하지만 늘 그런 것은 아니다. 강한 트라우마를 체험했는데도 인간에게 혐오감이나 거부 반응을 보이지 않는 사람도 있고, 트라우마라고 할 만큼 심한 스트레스를 받지 않았는데도 격렬한 혐오감이나 거부 반응을 일으키는 사람도 많다. 한눈에 반한 상대와 며칠 후 대판 싸움을 벌이고 헤어지는 경우가 그 전형적인 예이다. 서로 사랑하고, 성격도 잘 맞던 커플이 어느새 서로의 결점을 못 견디는 경우도 있다. 이것들은 트라우마의 본보기로는 설명하기 어렵다.

생존을 위한 필수 감각, 혐오감

인간에 대한 혐오감이나 거부 반응을 생리학적으로 이해하는 것은 불가능할까? 생리학계에서 혐오감에 대해 밝힌 사실은 이 장 말미에서 언급하겠다.

인간이 막 태어났을 때, 혐오감은 존재하지 않는다. 혐오감은 후천적으로 얻게 된 감정이라고 생각하는 것이다. 실제로 어른들이 혐오감을 불러일으키는 불쾌한 사진이나 오싹한 생물을 보여줘도 갓난아기는 아무렇지 않거나 오히려 호기심을 보인다. 어른들이 불쾌하게 생각하는 냄새나 맛에 대해서도 갓난아기는 거부감을 보이지 않고 순순히 받아들인다. 다만 쓴맛과 아픔은 예외다. 하지만 살다 보면 서서히 혐오해야 할 대상의 블랙리스트가 늘어난다. 그것들을 피하는 것이 곧 위험으로부터 자신을 지키는 것이다.

생물학적으로 볼 때 혐오감은 병원균이나 독소, 포식자, 유해

생물 같은 위험으로부터 자신을 지키기 위해 발달한 감정이다. 뇌는 그것들을 위험한 존재로 인식하기 때문에 다시 마주쳤을 때 본인은 과거의 체험을 기억하지 못해도, 혐오감이 밀려와 섭식이나 접촉을 피하는 것이다.

혐오감은 학습된 것이라는 원칙에도 예외가 있다는 것은 잘 알려져 있다. 바로 다른 성질이 가진 냄새에 대한 감수성이다. 자신과 면역 체계 유전자 유형이 가까우면 불쾌한 냄새라고 느끼고, 전혀 다른 유전자 유형이라면 기분 좋게 느낀다. 이것은 아마도 선천적으로 몸에 밴 습성인 듯하다. 이 시스템에 의해 면역계에 약점이 생기는 것을 방지하고 건강한 아이를 낳게 된다.

냄새뿐 아니라 사춘기 이후 젊은이는 좋고 싫은 것을 분명하게 구분하며, 싫다고 느끼는 것에는 강한 거부감을 보인다. 성 호르몬의 영향으로 나타나는 현상이지만 이런 강한 혐오감이나 결벽증에는 중요한 역할이 있다. 바로 자신에게 어울리는 파트너를 선택한다는 것이다. 자신의 인생과 더불어 자손의 존망과도 관련된 선택이라 불리한 상대라 판단되면 엄격히 배제한다.

이런 시스템은 과도하게 작동하지 않는 한 자신을 지키는 데 쓸모가 있다. 문제는 '왜 매번 과도하게 작동하는가'이다.

혐오감도 전염될까?

혐오감은 후천적으로 학습될 뿐만 아니라 말이나 생각을 통해 마치 '전염'되듯이 이차적으로도 학습된다. 자신은 나쁜 경험을 한 적이 없는데도 주변 사람이 강한 혐오감을 드러내는 것을 보면 저도 모르게 혐오 반응이 일어난다. 곤충에게 아무런 혐오감을 갖지 않은 아이라도 어머니가 나방이나 애벌레를 싫어하는 모습을 보면 어느새 곤충을 꺼리게 되는데, 이런 경우는 우리 주변에서 흔히 볼 수 있다.

인간에 대한 혐오감이나 거부 반응도 마찬가지이다. 늘 누군가의 험담이나 부정적인 평가를 듣다 보면 자신한테는 아무런 해를 끼치지 않은 상대에게도 강한 거부 반응을 보인다. 이를테면 어머니가 끊임없이 아버지에 대한 불만이나 분노를 털어놓으면 아이는 은연중에 아버지를 싫어하는 감정을 갖게 된다. 유색인종을 차별하는 환경 속에서 자란 사람은 자신이 어떤 위협이나 피해를 받지 않는데도 그들에게 혐오감이나 적대감을 갖는다.

혐오감의 이차적인 학습은 혐오 반응이 과도하게 일어나는 이유를 어느 정도 설명할 수 있다. 하지만 얼마 전까지 칭찬하던 상대를 사소한 잘못 한 번으로 격렬히 싫어하게 되는 현상은 혐오감의 학습이라는 구조만으로는 설명하기 어렵다.

그렇다면 인간이 인간에게 혐오감과 거부감을 느끼는 근본적인 이유는 과연 무엇일까?

{ 3장 }
"나는 왜 너를 싫어하게 됐을까?"
인간 알레르기의 메커니즘

나는 왜 저 인간이 싫을까?

몸의 알레르기, 마음의 알레르기

앞 장에서 이야기한 것처럼 역사상 많은 사람들이 인간의 마음을 지배하는 증오심과 혐오감을 이해하기 위해 다양한 시도를 했다. 그 결과들은 인간 존재의 심오함과 그로 인해 나타나는 문제의 심각성을 보여준다. 그러나 앞 장에서 서술한 이론이나 말은 인간이 인간을 거부하고 배제하는 현상을 이해하는 데 도움을 주지만, 그 전모를 파악하고 본질을 완전히 이해하는 데까지에 이르지는 못한다. 지금 그것에 다가가기 위해서는 기존의 시각을 뛰어넘는 더욱 적극적인 접근법이 필요하다.

이번 장에서는 인간이 인간을 혐오하고 거부하는 마음의 메커니즘을 인간 알레르기라 명명하고 이에 대해 정신병리학적으로 해석해보려고 한다. 이렇듯 인간 알레르기라는 기준을 전면에 내세운 이유는 간단하다. 이것이 기존의 어떤 다른 이론보다도 우리가 살고 있는 현 시대에서 벌어지는 인간관계의 문제점을 잘 설명해줄 수 있을 거라 믿기 때문이다.

이 이론의 밑바탕에는 몸의 면역 기능과 알레르기 시스템이 깔려 있다. 다행히도 몸에 관한 면역학이나 알레르기학은 눈부시게 발전했기에 나는 그 놀라운 메커니즘을 제법 소상히 알게 되었다. 그리고 마음의 면역 체계는 몸의 면역 체계와 공통점이 많다는 점이 무척이나 흥미로웠다.

I 마음의 면역 체계

이물질을 기억하고 제거하는 시스템

면역 체계란 몸이 이물질의 침입이나 감염으로부터 스스로를 지키는 시스템이다. 이물질을 제거하여 생체를 방어하는 반응을 면역 반응이라 부른다. 면역 반응은 생명을 유지하는 데 꼭 필요한 체계이다.

그리스 시대부터 인간은, 한 번 전염병에 걸렸다가 회복하면 두 번 다시 같은 전염병에 걸리지 않는다는 사실을 알고 있었다. 면역은 이물질을 제거하는 시스템이자 동시에 하나의 기억 시스템이다. 과거에 침입했던 이물질을 영원히 기억해 다시 같은 이물질이 침입하면 즉시 그것을 식별하여 파괴, 제거한다.

알레르기는 이런 면역 반응이 과도하게 생기는 상태이다. 없앨 필요가 없는데도 이물질로 인식해버리고 나서 철저하게 공격을 가하고 제거하려 하는 것이다. 그 대상이 자신에게 유익한 것이어도 마찬가지이다. 때로는 자기 몸의 일부나 세포가 표적이 되는 일도 있다. 일단 이물질 리스트에 추가되면 원상 복귀하는 것은 쉽지 않다.

마음에도 면역 체계가 있다

인간의 마음에도 면역에 해당하는 시스템이 있다. 그리고 마음의 면역 반응에도 이물질을 공격, 제거하는 시스템과 함께 과거에 침입했던 이물질을 기억하는 시스템이 있다.

이를테면 어떤 사람 때문에 공포나 고통을 맛보았다면 그 사람뿐 아니라 그 장면과 관계된 사실 또한 기억에 각인된다. 그리고 그 사람과 맞닥뜨린 경우뿐 아니라 그 장면이 연상되는 상황에 처하기만 해도 마음속에 경보음이 울려 회피나 전투 준비를 하게 된다. 이 시스템은 강력하고도 철저하기 때문에 이성으로 제어하는 게 쉽지 않다. 인간 알레르기가 발현되면 그리 유해하지 않은 사람에게도 이런 마음의 면역 체계가 작동한다. 이전까지는 두려워하고 거부할 필요가 없었던 존재일지라도 회피하거나 공격, 제거하려 한다. 일단 인간 알레르기가 생기면 동료나 배우자, 가족조차도 이물질로 인식하므로, 그들도 회피나 공격, 제거 대상이 된다. 때로는 특정 인물뿐만 아니라 모든 인간을 이물질로 인식하여 제거 리스트에 올려버리는 경우도 있다. 그렇게 되면 타인과 사이좋게 지내고, 원만한 관계를 맺고 싶다고 생각해도 충돌이나 오해를 피할 수가 없다.

다양한 방어 메커니즘

마음의 면역 체계는 지금까지 '방어 반응'이나 '방어 메커니즘'이라고 불렀다. 그런데 그 구조는 알려진 것보다 훨씬 더 폭넓고 다양하다.

스트레스나 불쾌한 사건, 받아들이기 어려운 사태에 직면해도 정신의 균형을 유지하기 위해 마음은 다양한 방어 반응을 일으킨다. 이를테면 생각하고 싶지 않은 것은 마음속 깊은 곳에 묻어두고 잊어버리려 한다. 이것은 '억압(抑壓)'이라는 방어 메커니즘이다.

수면과 꿈도 역시 마음의 정화 시스템으로 기능한다. 꿈속에서 우리가 누차 벌이는 일은 현실의 상황을 좀 더 받아들이기 쉬운 다른 상황으로 바꾸는 것인데, 이를 '치환(置換)'이라고 한다. 자신을 공격하는 존재와 자신을 '동일시'하여 마음의 균형을 유지하려는 경우도 있다. 학대당한 아이는 늘 그런 방어 메커니즘을 준비해둠으로써 부모를 미워하지 않으려 한다. '반동형성(反動形成)'에 의해 오히려 부모를 이상화하고 과도하리만치 효도를 하기도 한다.

감당하기 어려운 상처를 더욱 차원 높은 것으로 바꿔서 받아들이거나 극복하려는 경우도 있는데, 이것은 '승화(昇華)'라고 부른다. 학대당하며 자란 사람이 똑같은 처지의 아이를 도와주는 일에 종사하는 데에도 그런 마음의 메커니즘이 작용한 것이다.

욕구를 충동적인 행동으로 옮기는 '행동화'는 마음의 방어 반응이 실패한 결과로 볼 수 있는데, 실제로는 중요한 마음의 면역 반응이다. 공격을 받으면 반박하고 그 상대에게 고통을 줌으로써 기분을 풀려고 하는 것은 그 전형적인 예이다. 하지만 대개의 경우 공격을 가한 당사자가 아닌 의존하는 대상이나 약한 대상에게 공격의 화살을 겨눈다는 것이 문제다. 가정 폭력이나 집단 따돌림도 이런 배경이 깔려 있기 때문에 쉽게 해결할 수가 없다.

가늘 수 없을 만큼 힘든 마음의 상처를 받았을 때, 완전히 망가지는 것을 막기 위해 긴급히 작동하는 것이 해리(解離)이다. 의식이나 기억의 고리를 일단 차단하는 구조이다. 도마뱀이 목숨을 지키기 위해 스스로 꼬리를 자르고 도망치는 것과 같다. 또 이때는 '격리' 반응이 일어나기도 한다. 사건이나 감정을 잘라냄으로써 고통에서 도망치려는 방어 반응이다. 사건은 기억하되 감정을 동반하지는 않는다. 잘라낸 감정은 엉뚱한 것으로 모습을 바꾸어 전혀 상관없는 장면에 나타나기도 한다. 충동적인 살인이나 이해하기 어려운 폭력 범죄를 저지르고도 아무런 감정을 느끼지 못하는 경우가 여기에 해당한다. 과거에 생긴 트라우마가 망령처럼 떠돌다 뜻밖의 행동으로 표출되는 것이다.

인간 알레르기 상태에서 이물질로 인식한 존재에게는 더욱 심하게 공격을 가하고 제거해버린다. '행동화'와 함께 앞 장에서 말한 '투영', '조적 방어', '자기애' 같은 더욱 자기방어적이고 자기 변명적인 방어 메커니즘이 나타난다. 그와 동시에 자폐 성향을 보이며 사람들과 거리를 두고 친밀한 관계를 '회피'함으로써 자신을 지키려는 경우도 많다.

자연 면역과 획득 면역

이물질의 공격으로부터 몸이 자신을 지키는 것이 면역 체계인데 이는 크게 두 가지 시스템으로 나눌 수 있다. 첫 번째는 '자연 면역 체계'로, 외부에서 침입하는 모든 것들에 느슨한 방어를 하는, 말하자면 경호원 역할 정도만 하는 경우이다. 곤충처럼 비교적 단순한 생물은 자연 면역 체계만으로 몸을 보호한다. 자연 면역 체계로 막을 수 없을 만큼 강력한 침입자가 한꺼번에 많이 들어오는 사태가 벌어지면 살아날 가망이 없다.

예를 들어 이런 생물들은 다쳐서 상처가 생기면 사망할 확률이 매우 높지만 모든 개체가 한해살이처럼 많이 태어나고 많이 죽는 것을 반복하고 있으므로 이 면역 체계만으로도 충분한 것이다.

반면에 척추동물 같은 더욱 복잡하고 성장하는 데 시간이 걸리는 생물들은 오래 살 필요가 있으므로 또 하나의 면역 시스템이 진화했는데 그것이 바로 '획득 면역'이다. 획득이란 후천적으로 얻는다는 뜻이다.

이 면역 시스템에서는 과거에 만난 모든 병원체와 이물질 리스트를 기억하고, 그것들을 각각 전문적으로 처리하는 특수부대를 준비해놓는다. 세균이나 바이러스만 해도 놀라울 정도로 많은 종류가 있다. 따라서 평소에는 좀처럼 모습을 드러내지 않는 이물질에 대비하는 특수부대를 많이 양성하는 것은 헛수고다. 그렇기 때문에 침입하지 않는 이물질에 대한 특수부대의 수는 점점 줄어들어 최소 단위만을 보존한다. 만일 침입을 받으면 전문 특수부대의 수를 급격히 늘리는 것으로 대처한다.

이런 구조는 유해한 세균이나 바이러스를 제거하는 데 도움이 되는 한편 과도하게 작용하면 알레르기 체질이 되어 제거할 필요가 없는 것까지 없애려 든다는 단점이 있다. 마음의 면역에도 자연 면역과 획득 면역에 해당하는 체계가 있다.

자연 면역에 해당하는 것은 스트레스나 타인의 공격에 대처하는 힘이다. 앞에서 서술한 것처럼 수면이나 꿈은 스트레스를 해소하기 위해 선천적으로 갖추고 있는 극히 중요한 면역 체계이다. 망각도 제정신을 유지하기 위해 반드시 필요한 면역 체계 중 하나이다. 정서 반응이나 그것과 관련된 투쟁 도피 반응(fight or flight reaction)도 마음의 자연 면역에 의한 것이다. 사회 경험이 부족한 어린아이도 뭔가 불쾌한 체험을 하거나 공격을 받을 때는 분노하고 울부짖으며, 때로는 반격하기도 하고 도움을 요청하려 든다.

그리고 또 한 가지 더욱 진화한 면역 시스템으로 체험을 통해 학습한 획득 면역이 있다. 여기에는 과거에 만난 이물질 리스트를 기준으로 위험한 상대를 식별하는 능력과 상대방의 특수성에 따라 효과적으로 대처하는 능력이 포함된다. 어느 정도 마음을 허용하면 될지 재빨리 간파하여 적당한 대처 방법을 선택한다. 위험한 상대라고 판단하면 혐오나 반발, 증오 같은 심리적인 거부 반응이 일어나고, 그들이 다가오지 못하도록 회피한다. 그래도 상대방이 넉살 좋게 다가오면 거부라는 방어막을 친다. 만약 그들이 공격한다면 반격하여 피해를 준다. 그러면 상대방도 웬만해서는 침범이나 공격을 하지 못하게 된다. 그야말로 면역이 성립하는 것이다.

믿어서는 안 될 상대와 친해지거나 위험한 상대에게 호의를 베풀어서 엄청난 손해를 입고 인생을 헛되이 보내는 사례는 너무나 많다. 이 면역 체계는 그런 사태를 미연에 방지하기 위해 미리 거부 반응을 일으키고 접근을 차단해준다.

그러므로 이것은 정말 중요한 기능을 담당하고 있다고 할 수 있다. 몸의 면역 반응이 육체의 건강과 생존을 지키는 데 필수적이듯 마음의 면역 반응은 정신의 자유와 자립을 보호하고 마음의 건강을 유지하는 데 꼭 필요하다.

이물질과 가족을 구별하다

우리는 무수히 많은 이물질에 둘러싸여 살고 있다. 그 안에서 살아가기 위해서는 유해한 이물질이나 외부의 적을 제거해야 한다. 또한 무해하고 자신의 아군이 되어줄 존재, 유익한 존재와는 공존 관계를 구축해야만 한다. 그래서 우리는 공존해야 할 존재까지 공격하고 제거하려는 순간, 그 행위를 멈출 수 있는 것이다. 이 체계가 제대로 기능하지 못하는 것이 알레르기 반응이라 할 수 있다.

이물질이 아닌 존재, 즉 자신과 가족에게 공격을 억제하는 체계를 '면역관용'이라고 한다. 면역 체계가 완성되지 않은 어린 시기에 접촉한 물질에 대해서는 이물질이 아니라 자신의 일부로 받아들여 거부 반응이 일어나지 않는 것이다. 아주 어린 시절부터 공존했던 존재는 가족으로 받아들였기 때문이다. 한편 일단 면역 체계가 발달하고 나서 알게 된 존재는 타인으로 인식하여 공격과 제거의 대상이 된다. 마음의 면역에도 이와 같은 시스템이 있는데 그것이 바로 마음의 면역관용이다.

애착과 마음의 면역관용

타인을 모두 이물질로 여겨 철저히 공격, 제거하려고 하면 사회생활은 금세 대립 상태에 빠지고 만다. 몸이 영양이나 휴식을 필요로 하듯 마음도 주변 사람의 지지나 애정을 필요로 한다. 유해한 존재는 공격, 제거해야 하지만 사회적 생물로 살아가기 위해서는 자신에게 해가 되지 않는 존재, 버팀목이 되어주는 존재에게는 마음의 면역관용을 발휘해 적으로 여기지 말아야 한다.

사실 우리는 그 구조를 이미 갖추고 있다. 그것이 앞 장에서 언급한 '애착'이다. 어린 시기에 늘 옆에서 보살펴주고 애정을 쏟아준 존재에게는 애착이라는 생물학적인 연결 고리를 형성하고, 영원한 사랑의 감정과 신뢰가 생긴다. 타인을 자기와 연결된 존재로 받아들여 여차할 때는 그 품으로 숨을 수 있는 보금자리로 인식한다.

전폭적으로 신뢰하는 특정 존재와의 사이에 형성된 애착은, 인간관계의 토대이자 타인과 친밀하고 원만한 관계를 맺는 데도 도움을 준다.

반대로 어린 시기에 양육자와의 사이에 안정된 애착이 형성되지 않으면 다른 사람을 극도로 경계하여 속마음을 털어놓지 못하고, 지속적인 신뢰 관계를 유지하기도 어렵다.

양육자와의 애착이 안정된 어린아이 쪽이 타인과 친밀한 관계를 맺기 쉬울뿐더러 유해한 존재를 제거하는 능력도 높다. 그 반대도 마찬가지다. 어린 시기에 안정된 애착을 형성하지 못하면 필요한 사람과 친밀한 관계를 맺지 못할 뿐만 아니라 유해한 인간이 접근할 가능성도 더 높다. 애착은 마음의 면역관용과 밀접한 관련이 있는 것이다.

왜 나쁜 사람에게 끌리는가?

분만하는 과정에서 어머니로부터 간염 바이러스에 감염된 경우 아이에게는 아무런 증상도 없을 때가 많다. 어린아이의 몸은 바이러스를 순순히 받아들인 채 싸우려 들지 않기 때문이다. 그 결과 증상이 없지만 몸에는 바이러스가 퍼져 있는 '보균자'가 되고 만다. 간염 바이러스에 대해 면역관용이 성립한 것이다.

이와 같은 일이 마음의 면역관용에서도 일어날 때가 있다. 세상 사람들 모두가 꺼릴 만큼 위험한 사람이라도, 어린 시절부터 가까이 지냈을 경우에는 저항하지 않는 현상이 바로 그것이다. 성인이 된 이후 만났다면 위험을 느끼고 경계경보가 울렸겠지만 이 경우에는 그런 면역 체계가 발동하지 않는다. 오히려 그 사람에게 친밀함이나 안도감을 느껴 빠져들기도 한다.

【위험한 남자에게만 끌리는 여자】

열여덟 살 와카나 씨(가명)는 주변 사람들의 애정 어린 설득에도 불구하고 문신을 새기고 말았다. 힘들게 들어간 대학도 그만두고 술집에서 일한다. 전문직 회사원으로 일하는 착실한 어머니는 딸이 대체 무슨 생각을 하는지 알 수가 없다며 한탄했다. 눈길을 끄는 외모에 머리도 좋고, 피아노 콩쿠르에서 우승한 적도 있는데…….

와카나 씨가 초등학교 4학년 때 아버지의 폭력과 빚 문제로 부모가 이혼했다. 그 이후 아버지와는 만나지 않지만 와카나 씨는 늘 아버지가 그리웠다. 아버지는 젊은 시절 폭주족으로 유명했고, 어깨에 문신을 새기기도 했다. 난폭했지만 한번 마음먹은 일은 확실히 해내는 모습이 멋있었고, 늠름한 남성적 매력이 있었다.

어머니의 친정은 토건업을 하고 있었다. 거기에서 일했던 아버지가 고등학생이던 어머니를 오토바이에 태워 역까지 데려다주었던 게 인연이 되어 결국 두 사람은 육체관계를 맺었다. 문제가 있다는 것은 알았지만 순진하고 착했던 어머니는 첫 경험 상대인 남자를 포기할 수 없었다. 그래서 부모의 반대를 무릅쓰고 집을 도망치듯 뛰쳐나와 함께 살았는데 결국 잘못된 선택이었다는 것을 깨닫고 후회하게 된다. 겨우겨우 이혼을 통해 인연을 끊은 어머니는 비로소 안정된 생활을 할 수 있을 거라 생각했는데, 그것은 착각이었다. 딸인 와카나 씨가 비뚤어지기 시작하더니 등에 문신이 있을 법한 남자하고만 사귀었던 것이다.

한때는 모녀 관계도 악화되었지만 이대로 가면 안 될 것 같아 어머니는 관계를 회복하기 위해 애썼고, 와카나 씨도 어머니의 뜻에 따라 대학에 진학했다. 그리고 그녀는 어머니의 바람대로 동년배의 '평범한' 남자와 사귀어보려고 했으나 문제는 그런 부류에게는 전혀 끌리지가 않는다는 것이었다. 그 대신 그녀는 위험한 냄새를 풍기는 남자를 보면 금방 마음을 빼앗기고 말았다.

인간 알레르기와 부스터 효과

면역관용처럼 면역 반응을 억제하는 메커니즘과는 반대로 면역 반응을 강하게 하여 공격에 가속도를 가하는 시스템을 '부스터 효과(booster effect)'라고 부른다. 유아는 면역이 약하기 때문에 인플루엔자 백신을 두 번 접종해야만 한다. 두 차례 항원을 주입함으로써 면역이 강해지는 것이다.

마음의 면역에서도 이 같은 현상이 일어난다. 한 번 괴로운 경험을 해도 무덤덤하게 넘어가는 사람이 있다. 하지만 두 번 연달아 똑같은 일을 겪으면 아무래도 강한 경계심이 생겨나고, 세 번째에는 대비하게 된다. 그런 경험을 세 번, 네 번 거듭할수록 더욱 그렇다.

인간 알레르기도 마찬가지이다. 처음 항원과 마주쳤을 때보다 두 번째, 세 번째 마주칠 때 알레르기 반응은 강해진다. 예를 들면 과거 어떤 사람에게 상처받은 경험이 있으면 그 사람과 재회했을 때는 물론이고, 그 사람과 비슷한 사람을 마주하는 것만으로도 거부 반응이 일어나는 경우가 있다. 이유는 알 수 없지만 괜히 긴장하게 되고 경계심과 반발심이 강해져 마음이 진정되지 않는다. 이런 현상은 그간 음성 전이나 투영성 동일시 같은 개념으로 파악했는데, 오히려 과거의 인간 알레르기가 알레르겐과 다시 만남으로써 재활성화한 것이라고 생각하는 편이 이해하기 쉽다. 또한 처음 만났는데도 단숨에 강한 거부 반응이나 정서 불안을 불러오는 경우가 있다. 이것도 과거에 감작을 일으킨 인간 알레르기가 부스터 효과로 강력해진 것이라고 생각하면 이해할 수 있다.

불행이 불행을 부른다

모든 알레르기는 후천적으로 발병한다. 꽃가루 알레르기를 떠올리면 이해하기 쉽다. 최근에는 꽃가루 알레르기에 시달리는 유아들이 늘고 있는데, 보통은 어느 정도 나이가 든 후에 증상이 나타나는 일이 많다. 매년 꽃가루에 노출되어도 아무렇지 않았는데 언젠가부터 증상이 나타나기 시작한다. 일단 증상이 나타나면 그 것은 해마다 계속된다. 그전까지는 이물질로 인식하지 않았지만 접촉을 반복하는 사이에 이물질로 인식하게 되는데, 이것이 감작이다. 그리고 한 번 이물질로 인식되면 그 인식을 바꾸는 것은 쉽지 않다.

그럼 왜 감작이 일어나는 걸까? 음식물 알레르기나 아토피성 피부염, 기관지 천식의 경우에는 다음과 같은 구조를 예상할 수 있다.

보통 피부나 점막의 표면을 덮고 있는 상피세포가 몸을 보호한다. 꽃가루나 음식물이 들어오려 해도 상피세포라는 방어벽에 막혀 체내로 침입할 수 없다. 그런데 감기에 걸려 기관지 점막이 약해지거나 피부에 상처가 생기면 방어벽이 무너져 이물질이 침입하기 쉬운 상태가 된다. 그러면 표피가 아닌 진피에까지 침입하게 되고 지금까지 이물질이 아니었던 것이 이물질로 인식되어 공격과 제거의 대상이 되고 만다. 그 결과 알레르기 반응이 일어난다.

인간의 마음도 보통은 심리적인 방어벽이 존재한다. 이 방어벽 바깥에 있는 것에는 경계 반응도, 거부 반응도 일어나지 않는다. 그런데 무언가가 마음의 방어벽에 상처를 내거나 보호가 약해진 틈을 타 침입하면, 그것을 이물질로 인식하고 이때부터 공격과 제거의 대상으로 보게 된다.

바꿔 말하면 마음이 약해졌을 때, 엎친 데 덮친 격으로 불쾌한 생각이나 고통을 맛보면 지금까지 무해했던 존재가 안전을 위협하는 이물질로 인식되어 거부 반응이 일어나는 것이다. 사랑하던 사람이나, 곁에 없으면 견딜 수 없을 만큼 좋아하던 사람이 어느 순간부터 다가오는 것만으로도 소름이 끼칠 정도로 끔찍하게 느껴지기도 하는 것이다.

II 저 사람은 왜 '이물질'이 되어버린 걸까?

이물질의 판정 기준

인간 알레르기는 타인을 자신이 아닌 이물질로 인식하여 제거하는 동안에 나타나는 과잉 반응이다. 그렇다면 애당초 자신(가족)인지 자신이 아닌지에 대한 인식은 어떻게 이루어지는 걸까?

인간은 참으로 다양한 기준으로 그 사람이 받아들여도 좋을 동료인지 아닌지를 판정한다. 외모나 사회적 지위, 취미나 교양, 경제력, 학력, 가치관, 성격 등 판정의 재료는 여러 가지가 있다. 하지만 그런 것들이 자신의 이상에 부합하지 않더라도 허용할 때가 많다.

한편 대체로 마음에 들었다 해도 도저히 양보할 수 없는 절대 조건이 있다. 그 하나가 마음에 걸리면 그 이외의 것이 아무리 좋더라도 이물질로 인식하고 만다. 이를테면 조건이 좋아서 결혼했지만 결국 이혼하거나 처음에는 사이가 좋았는데 험악한 관계로 끝나버리는 경우는 보통 이물질의 판정 기준에 저촉된 것이다.

그렇다면 과연 이물질인지 아닌지 판가름하는 결정적인 기준이란 무엇일까?

나에게 해가 되는 사람인가?

가장 중요한 기준은 나에게 손해를 끼치는 사람인지의 여부이다. 폭력 같은 신체적인 위협은 두말할 것도 없고, 기분이나 자존심을 건드리지 않는 것, 영역을 침범하지 않는 것도 중요하다. 설령 조금 귀찮게 하더라도 나의 기분을 상하게 하거나 영역을 침범하지만 않아도 허용의 폭은 넓어진다.

【미워할 수 없는 사람】

과거 내 동료였던 의사 중에 특이한 남자가 있었다. 그는 예술가적 기질이 넘쳤고, 자기 스타일이 뚜렷했다. 그런데 아침에 일어나지 못해 지각을 밥 먹듯이 했다. 간호사가 전화를 걸어 깨운 적이 한두 번이 아닐 정도였다. 멍하니 있을 때도 많아서 약 처방을 깜박하기도 했다. 하지만 크게 문제가 되는 일은 의외로 없었다. 담당 간호사가 세심한 주의를 기울이고 있었기 때문이다. 담당 간호사는 자신이 대신 모든 것을 챙겨야 하는 상황이 힘들었을 텐데 단 한 번도 그에 대해 험담하지 않았다. 원래 그런 사람이라고 인정하고 친근하게 대했던 것이다. 그도 그럴 것이 그 동료의 성품 자체가 권위적인 것과는 거리가 있었고 부하 직원들을 꾸짖지도 않았다. 오히려 자기가 나서서 귀찮은 일을 처리하고, 손해 보는 역할도 마다하지 않았다. 즉 그는 똑 부러지는 성격은 아니었지만 결코 이기적이지 않았고, 타인에게 책임을 전가하거나 공격하는 일도 전혀 없었다. 타인의 기분을 나쁘게 하지도 영역을 침범하지도 않았으므로 동료로 인정받은 것이다.

자신의 치부를 숨기지 않고 드러낸 것도 한몫했을 것이다. 그러니 주변 사람들은 오히려 친근감을 느끼고 거부감을 갖지도 않았을 것이다. 누구나 무방비 상태의 사람을 공격하는 일은 주저하게 마련이다. 그는 출세에는 관심이 없었지만 나중에 대학으로 돌아가 교수가 되었다. 적을 만들지 않는 성격이나 야심 없는 태도가 주변 사람들의 경계심을 없앴고, 오히려 후원과 출세로 이어졌다고 말할 수 있는 경우이다.

그런데 이와는 정반대의 사람이 있다. 바로 상대방의 기분을 해칠 만한 말과 행동을 일삼는 사람이다. 이들은 사방에 강한 알레르기 반응의 씨앗을 뿌리고 다닌다. 만약 당신이 화가 나면 자신도 모르게 감정적인 말을 내뱉고, 얼굴에 감정을 날것으로 드러내는 사람이라면 주의해야 한다. 아마도 당신 주변 사람들은 내면에 당신에 대한 거부 반응을 차곡차곡 쌓아놓고, 당신이 약해졌을 때 숨겨두었던 날카로운 발톱을 꺼내 공격하려 들 것이기 때문이다.

상식과 규칙을 공유할 수 있는가?

다음으로 중요한 판정 기준은 상식과 규칙을 공유할 수 있느냐의 여부이다. 상식과 규칙이 다르면 자신의 기대가 어긋나기도 하고, 상대의 기대를 저버리기도 한다. 그래서 좋은 뜻으로 한 일인데, 오히려 질책을 받기도 한다. 서로 호흡 맞추기가 상당히 힘들기 때문에 스트레스가 쌓인다.

하지만 어느 정도 차이가 있더라도 그 사람 나름의 규칙을 주변 사람들도 이해하고, 미리 예상한다면 이해하지 못할 것도 없다. 물론 한계가 있다. 서로의 규칙이 판이하게 다른 경우가 있기 때문이다. 상식이나 규칙은 사람에 따라 상당한 차이가 있다. 정반대라고 해도 좋을 만큼 다른 경우도 많다. 이를테면 전통적인 가치를 중시하는 사람은 사회 상식을 무시하는 사람에게 강한 거부감을 느낄 수 있다. 반대로 자유를 추구하며 사는 사람은 기존 가치에 얽매이는 사람이 고리타분하게 보일 것이다.

이런 경우에는 각각의 원칙이 있으므로 아무리 오래 대화한다고 해도 의견 일치를 보기는 힘들다.

어떤 의미에서 보면 이것은 혈액형 같은 다형(多型, variation)의 성질을 갖고 있기 때문에 어느 쪽이 옳다고 할 수 있는 문제가 아니다. 모두 일장일단이 있고, 상황에 따라 유리하게도 불리하게도 작용한다. 어떤 한쪽만을 정답으로 규정해버리면 환경이 바뀌었을 때, 종(種) 자체의 생존까지 위험해질 수도 있다. 위험 부담을 덜고 멸종을 피하기 위해 다형이 존재하는 것이다. 그런 시각에서 보면 어떤 변종도, 종 전체의 생존에 도움이 되는 측면이 있으니까 살아남았다고도 할 수 있다.

그런데 현실에서는 그런 차이를 끝내 떨쳐버리지 못한 채 서로 미워하고 다투는 일을 반복하는 경우가 많다. 전체적으로 보면 양쪽 모두 필요하지만 상식과 규칙이 다른 사람들끼리 친밀하게 공존하는 것은 역시 쉬운 일이 아니다.

[하나가 미우면 다 미운 법]

히로미 씨(가명)는 40대의 전업주부이다. 1년쯤 전부터 헬스클럽에 다녔고, 거기에서 밝은 성격의 유리나 씨(가명)를 알게 되었다. 대화가 잘 통해 함께 점심을 먹거나 차를 마시며 이야기꽃을 피우는 게 즐거웠다.

그런데 친해지기 시작한 지 반년쯤 됐을 무렵부터 히로미 씨는 돈 문제 때문에 스트레스를 받기 시작했다. 처음에는 서로 번갈아 돈을 냈지만, 최근에는 히로미 씨가 돈을 내는 게 당연한 일인 것처럼 되어버렸다. 어느 사이엔가 고맙다는 말조차 들을 수가 없었다.

그러자 흐리터분한 유리나 씨의 성격이 자꾸 거슬렸고, 그녀의 말에 진심으로 공감하는 것도 힘들었다. 결정적으로 엇갈리게 된 것은 남자의 바람기에 대해 이야기할 때였다. 유리나 씨는 "남자들은 다 바람피워요. 들키지 않는 남자가 있고 그렇지 못한 남자가 있을 뿐이죠"라며 자신의 남편이 바람피우는 것을 재미있다는 듯이 이야기했다. 히로미 씨가 "우리 남편은 안 그래요"라고 자신도 모르게 반박하자 "어머, 미안해요. 그렇다고 그렇게 화낼 것까지는 없잖아요"라며 오히려 비웃는 듯한 표정을 지었던 것이다.

그날 이후부터 유리나 씨의 한 마디 한 마디가 신경에 거슬려 점심을 먹거나 차를 마시러 가자는 권유도 거절하는 일이 늘어났다. 가끔 헬스클럽에서 모습을 보거나 목소리를 듣는 것만으로도 혐오감이 솟아올라 발길을 끊게 되었다. 결국 다른 헬스클럽으로 옮기고 휴대전화도 수신 거부로 하고 나서야 비로소 마음의 평온을 되찾았다.

왜 이렇게까지 강한 거부 반응이 생겨난 것일까? 히로미 씨는 돈에 대한 개념이나 정조 관념에 대해 엄격한 교육을 받아서 그 부분에 대한 가치관은 양보할 수가 없었기 때문이다. 사실 유리나 씨는 히로미 씨의 의견이 자신과 다르다는 것을 피력하고 싶었을 뿐, 그녀를 비웃으려는 의도는 없었다.

이렇듯 상식이나 규칙의 차이는 친밀해질수록 명확히 드러나게 마련인데 서로 타협하기 어려울 때도 많다. 인정할 수 없는 상식이나 규칙을 가진 사람과 만남을 반복하는 동안 자신이 소중히 여겼던 신념이나 정체성을 위협하는 듯한 불쾌함과 고통이 몰려들기 때문이다.

실제로는 상대방의 상식에 맞출 수밖에 없을 때도 있다. 가치관을 공유할 수 있는 범위 안에서만 접촉하고, 그 외에는 거리를 두는 게 현실적인 타협책이라 할 수 있다. 이때 상대방에게 완전히 동화되어 다른 사람처럼 변해버리는 경우도 있다. 그것 역시 인간 알레르기를 회피하기 위한 적응 전략 중 하나이다.

마음을 공유할 수 있는가?

또 하나의 중요한 기준은 관심사와 마음을 공유할 수 있느냐 하는 것이다. 이 기준은 앞에서 말한 두 번째에 비하면 한층 더 어렵다고 할 수 있다. 단순히 이물질이 아니라고 판단하는 데 그치지 않고, 마음을 허락해도 좋은 동료로 인정해 나의 영역 안으로 불러들일 것인가 말 것인가를 결정할 때 중시하는 기준이다.

먼저 관심사를 공유하는 것에 대해 생각해보자. 이를테면 당신이 야구 이야기를 하고 싶어서 야구 선수 이야기를 꺼냈다고 치자. 그러나 곧 흥미 없는 스케이트 선수 이야기로 화제가 바뀌면 무시당했다고 느낄 것이다.

자신의 일이 얼마나 힘든지 막 이야기를 시작했는데, 상대방이 "그보다 언제쯤 과장으로 승진할 거야?"라고 되물으면 더 이상 이야기할 마음이 없어질 것이다. 먼저 관심사를 공유하고 상대방에게 화제를 맞추려는 자세가 동료로 인정받는 데는 필수 조건이다.

당신이 상대방의 화제를 무시하고 다른 이야기로 넘어가거나 상대방의 이야기를 금방 부정해버리는 사람이라면 주의해야 한다. 당신 자신은 악의가 없더라도 상대방은 더 이상 이야기를 공유할 수 없는 사람으로 간주해버린다. 그리고 일단 이렇게 되면 언젠가는 이물질 취급을 받고 만다. 눈을 맞추고 맞장구를 치거나 고개를 끄덕이는 반응이 시원찮은 사람도 조심해야 한다. 자신은 이야기를 듣고 있다고 생각해도 상대방은 반응이 별로라고 느껴 더 이상 관심사를 공유하지 않는다. 주변 사람들과 함께 뭔가 이야기할 때 자신에게 흥미 없는 화제가 나오면 외면하는 사람도 이물질 취급을 받기 쉽다.

힘들게 일하고 집에 돌아온 남편은 아내한테 아이와 이웃의 이야기를 시시콜콜 듣게 된다. 그러다 보면 이내 지겨워져서 건성으로 대꾸하거나 '이제 그만하라'고 말을 끊기도 한다. 그런 일이 거듭되면 아내는 남편을 친근한 대상이라기보다는 이물질로 인식하므로 거부 반응이 일어나는 것은 시간문제이다.

마음을 공유하는 것은 더욱 어렵다. 마음을 터놓을 수 있는 동료로 인정받기 위해서는 이 기준을 해결해야 한다.

자신의 마음을 알아준다고 느끼면 고통은 반이 되고 기쁨은 배가 된다. 마음을 공유하게 된 존재를 애착 이론에서는 '안전 기지'라고 부른다. 그것은 가장 신뢰할 수 있는 가족이며, 이물질과는 정반대의 존재이다.

인간은 상대방이 안전 기지인지 아닌지를 자신도 모르게 가르고 있다. 상대가 만약 안전 기지라면 기분 좋은 안도감에 휩싸여 옆에 있는 것만으로도 마음을 놓게 된다. 이야기하는 동안 자연스럽게 마음이 정리되어 어느샌가 답을 찾기도 하고 힘과 용기가 솟기도 한다.

하지만 애당초 마음을 털어놓기에 가장 좋은 부모나 파트너라해도 안전 기지가 될 수 없는 경우가 있다. 괴로운 심정을 털어놓았는데, 노력이 부족하다고 질책하거나 충고와 설교를 늘어놓는 경우이다. 그런 일이 반복되면 그 사람은 오히려 눈엣가시가 되어 거부 반응만 일어나게 한다.

'안전 기지'가 되지 못하는 전형적인 유형은 가만히 이야기를 들어주고 공감하는 능력이 부족한 사람이다. 이야기를 제대로 듣지도 않고 이래라저래라 쓸데없는 참견이나 충고를 하고, 자신의 생각이나 의견을 말해버린다. 상대방은 그런 걸 원한 게 아니다. 그저 자신의 이야기를 들어주고 마음을 공유하고 싶었을 뿐인데, 그는 그 사실을 알지 못한다.

이를테면 서툴기는 하지만 자신이 만든 곡을 직접 연주하고 그것을 들어주기를 바라는 사람이 있는데, 상대방이 '내가 더 연주를 잘할 수 있다'면서 그 사람을 무시한 채 다른 곡을 연주하는 것이나 마찬가지이다. 사실 누구도 그의 연주를 들으러 온 게 아닌데 말이다.

왜 수많은 사람들이 돈을 내면서까지 상담을 받으러 올까? 심리 치유사를 진심으로 믿을 수 있게 된 것일까? 그 이유도 마찬가지이다. 자신의 마음을 누군가와 공유할 수 있기 때문이다. 이제 현대인들은 자신의 주변에서 진정 마음이 통하는 사람을 만나기가 너무나 힘들어져버린 것이다.

거부 반응이 꼭 나쁜 것일까?

'자신이 아닌 것=이물질'을 제거하는 반응은 내가 나이기 위해 필요한 측면도 있다. 나도 모르게 나답지 않은 것에 물들거나 나답지 않은 생활 방식에 매몰되지 않기 위해서는 가치관을 공유하고 존경하며 신뢰할 수 있을 만한 사람과 만나는 편이 좋다. 같이 노력하여 평생을 함께하려면 깊이 관계할 만한 사람인지 아닌지를 엄격한 눈으로 간파해야만 한다.

거부 반응이 과도하게 생긴다는 단점도 있지만, 상대방을 정말 신뢰할 수 있는지 없는지를 예민하게 감지하고 분간해낸다는 장점도 있다. 특정인에게 불신감이나 위화감을 갖기 시작했을 때, 내 마음속에서 무엇을 경고하고 있는지를 잘 생각해봐야 한다. 길을 잘못 들지 않도록 당신을 이끌어주려는 것인지도 모른다.

생활 방식이나 가치관 같은 근본적인 문제로 갈등하는 경우에는 지금까지 소중하게 생각했던 사람에게도 거부 반응이 생기기도 한다. 이때는 대개 내 뜻대로 살아갈 것인가 상대방의 뜻대로 살아갈 것인가 하는 선택의 기로에 서게 된다. 이것은 내가 지금까지 피했던 문제와 드디어 마주해야 할 때가 왔다는 것을 가르쳐주는 건지도 모른다.

III 인간 알레르기의 방파제

사소한 문제는 그냥 넘어간다

앞에서도 말했지만 어떤 물질을 면역 세포가 이물질로 인식하고, 그것에 대한 항체를 만드는 것이 감작이다. 항체는 침입자에 대비한 지뢰 같은 것으로, 이물질의 침입을 발견하는 것과 동시에 파괴, 제거하는 역할도 담당한다.

알레르기의 경우에는 주로 IgE항체를 만든다. 이 항체가 지뢰처럼 면역 세포 주위에 들러붙어 이물질의 침입을 기다린다. 이물질이 침입해 항체와 결합하면 그것이 신호가 되어 면역 세포로부터 히스타민 같은 물질이 단숨에 방출되어 알레르기 반응이 일어난다.

벌침의 독이나 약물에 의해 생기는 아나필락시스(anaphylaxis, 알레르기의 강한 증상. 일명 '과민증'으로 때로는 죽는 경우도 있다 – 옮긴이)처럼 항원에 두 번째 접촉한 것만으로도 알레르기가 생길 때도 있지만 보통은 감작하여 항체가 만들어져도 곧바로 알레르기가 생기지는 않는다.

IgE를 측정하면 꽃가루나 음식물, 동물의 털, 집 먼지 등에 대한 항체 수치가 정상보다 높고, 검사에서는 알레르기가 있다고 판정되었는데 실제로는 증상이 없는 경우가 많다. 알레르기 준비 상태라고 부르는 단계이기 때문인데, 이 상태 그대로 평생 알레르기 증상이 나타나지 않는 경우도 있다.

증상이 나타나도 대개는 몇 번씩 반복하여 접촉하는 동안 서서히 알레르기가 심해지고, 어느 시기부터 본격적으로 알레르기 체질로 바뀐다. 감작해도 알레르기를 억제하는 시스템이 작동하는 것이다. 마음의 면역 시스템에서도 마찬가지이다. 위화감이 생기고 사소한 반발, 불신 같은 심리적인 항체가 생겨나도 대개의 경우 곧바로 본격적인 알레르기 상태에 이르지는 않는다. 작은 알레르기의 불씨는 금방 꺼트린다. 이때는 알레르기를 억제하는 기능이 제대로 작동하는 것이다.

마음의 면역 시스템에서 가족에 대한 공격이나 제거를 억제하는 면역관용에 해당하는 것이 앞서 언급한 애착이다. 애착이 안정된 사람은 타인에 대한 과도한 이물 반응도 잘 억제한다.

오래 알고 지낸 사이라면 어느 정도의 의견 차이는 있게 마련이다. 오래 알수록 사이가 가까울수록 의견 불일치나 불만, 반발 등을 느끼게 될 기회가 많기 때문이다.

반대로 오랜 세월 같은 상대와 좋은 관계를 유지하는 사람도 있다. 그런 행운을 거머쥔 사람들에게도 타인에 대한 위화감이나 불만은 당연히 있다. 하지만 오랜 세월 동안 공존하는 법을 터득했기 때문에 작은 불만은 문제가 되지 않는다. 차이를 인정하면서 그것을 극복한 결과 상대방을 받아들일 수 있는 것이다. 이때

도움을 주는 것이 바로 안정된 애착이다.

스킨십과 성적 오르가슴

마음의 면역관용을 키우는 시기는 주로 유아기지만 사실 중요한 시기가 또 하나 있다. 바로 생식 연령 시기이다. 이 시기에 인간은 본래 타인이던 이성과 자녀를 낳고 기르기 위해 친밀하고 안정된 관계를 구축할 필요가 있다. 타인과 친밀한 관계를 맺어야 하는데 이물질에 대한 혐오감은 방해가 된다.

이를테면 키스를 하거나 음부를 핥는 행위는 그다지 위생적이라 할 수 없다. 하지만 한창 섹스 중일 때는, 특히 사랑하는 사람과 관계할 때는 오히려 좋다고 느낀다. 그것은 성적 흥분이나 애정이 혐오감을 억제해주기 때문이다.

스킨십이나 성적 오르가슴은 옥시토신의 분비를 촉진하여 편안함과 사랑스러움, 다정함을 느끼게 한다. 그래서 잘 모르는 상대라도 '사랑한다'고 반쯤은 진심으로 말하기도 한다. 성행위에는 함께 기쁨을 공유한 상대에게 안도감과 신뢰감이 생기는 시스템이 작용하는 것이다.

건전한 관계에서는 성적 결합이 이물질 반응을 억제함으로써 지속적인 관계를 유지하는 원동력이 된다. 다만 그중에는 이 시스템을 악용하는 무리도 있다. 일단 관계를 가진 이후에는 마음의 면역관용이 성립했다고 판단하여 마치 자신이 관계의 열쇠를 쥐고 있는 듯 마음대로 행동하게 되는 것이다.

심리적 동일시와 자기애 전이

자녀에 대한 애정, 파트너에 대한 애정처럼 특정 존재에게 지속적인 사랑을 유지할 수 있는 건 옥시토신의 작용으로 애착이 생겨났기 때문이다. 일단 애착이 생기면 상대방은 많은 사람들 중하나가 아니라 특별한 존재가 된다.

하지만 어머니가 자녀에게, 커플이 서로에게 한창 열중할 때도거기에는 생물학적인 구조를 뛰어넘은 고차원적인 정신 작용이일어나고 있다. 이 정신 작용이 두 사람 간의 애정 자체에 문제가생겨도 관계를 유지하게 만든다. 예를 들어 예의 바르고 의무감이 강해서 누군가를 함부로 내치지 못하는 성격, 혹은 혼자서는불안하기 때문에 반드시 누군가와 함께 살아야만 하는 성격이있다고 치자. 전자는 강박성 인격 장애, 후자는 의존성 인격 장애로 알려져 있는데 둘 다 악연을 유지하는 데 공헌하고 있다.

또 타인과의 관계를 강화하는 데 큰 영향이 미치는 정신 작용두 가지 있는데, 그것이 바로 '심리적 동일시'와 '자기애 전이'다.

면역이란 자기가 아닌 존재를 배제하는 시스템이다. 즉 자기와 동일시되는 것은 이물질로 받아들이지 않으므로 배제하지도 않는다. 예를 들면 폭력을 휘두르는 아버지는 자기에게 해를 끼치는 존재이지만, 미숙한 자신을 질책해주는 강하고 올바른 존재로 받아들이는 것이 바로 '심리적 동일시'이다. 오히려 아버지를 자신의 영역 안에 두고 아버지의 행동을 따라 함으로써 증오라는 감정에서 벗어나는 것이다. 이 정신 작용이 더욱 진화한 것이 바로 자기애 전이다.

코헛에 따르면 자기애 전이에는 두 가지 종류가 있다. 첫 번째는 '거울 전이(mirror transference)'다. 상대방을 거울에 비친 자기 자신이나 쌍둥이의 한쪽처럼 느껴 '자신과 같다'고 특별하게 여기는 것이다. 상대방은 자신이므로 배제할 필요가 없다. 상대방을 황홀하게 바라보는 것은 자신에게 도취되는 것이기도 하다.

두 번째는 '이상화 전이(idealization transference)'다. 자신의 이상형을 상대방에게 투영해, 자신의 이상에 일치하는 존재로 특별히 여기는 것이다. 상대방은 마땅히 존재해야 할 자신 같으므로 배제할 필요가 없다. 그저 원하는 만큼 실컷 찬양하고 빠져들면 된다.

아무리 애착이 불안정하더라도 여자라면 누구나 어머니가 될 수 있다. 또한 아기는 나중에 어떤 사람으로 성장할지 정확하게 예측할 수 없기 때문에 어머니는 곧잘 몽상에 빠지곤 한다.

혼잣말로 아기에게 말을 건네면서 이런저런 상상을 하는 것은 어머니의 환상이다. 이때 어머니에게 아기는 자신의 소망이나 이상을 반영한 분신이 된다. 자기애적 맹목이라고도 할 수 있는 이런 심리적 면역 작용이 아기 때문에 짊어지게 된 불쾌함이나 고통을 잊게 해준다. 이처럼 어머니가 아이의 욕구를 자신의 욕구처럼 느끼는 기간이 어느 정도 유지되는 것이 아이의 안정된 정서 발달에는 필수적이다.

그런데 어머니가 심각한 애착 장애를 가졌거나 자기 부정을 하면 아이에게 심리적 동일시를 하지 못하고 이물질로 여기기도 한다. 또한 동일시를 한다 해도 자신과 처지가 비슷한 비참한 존재라는 부정적인 마음을 품기도 한다. 만약 어머니가 아이를 이물질로 여기면 아동 학대 사건이 발생하는 계기가 된다. 어머니의 보살핌이 가장 필요한 신생아 때보다 세 살이나 네 살 무렵에 아동 학대의 비율이 증가하는데, 이 나이 때의 아이는 이미 자신의 개성을 드러내어 어머니가 동일시하기 힘든 존재가 되기 때문이다.

아이의 변화를 인정할 수 없는 어머니는 그것을 자신에 대한 배신이라 느껴 외면하고 만다. 그 정도가 심하면 이물질로 파악해 배제함으로써 자기 자신을 보호하려 한다. 마음의 면역 작용이 깨진 이후에 강한 거부 반응에 이르는 경우는 드물지 않다.

한편 애착이 안정되고 성숙한 어머니는 아이에게 자기애 전이를 하지 않는다. 아이에게 동일시를 해야 하는 시기에는 몰입하지만, 그럴 필요가 없어지면 아이 본인의 주체성을 존중하고 독립된 인격체로 받아들인다. 자신과 다른 생각과 성격을 드러내도 관용을 유지하며 언제까지나 든든한 버팀목이 되어준다.

동상이몽의 결말

성인의 인간관계에서도 '심리적 동일시'나 '자기애 전이'는 마음의 면역 작용을 일으켜 달콤한 기간을 만들어준다. 그러나 이것은 동상이몽일 뿐이다. 꿈이나 환상이란 언제나 현실에 배신당할 운명을 안고 있기 때문에, 이러한 관계는 언젠가는 파국에 이르게 되어 있다.

【니체의 착각】

작곡가 바그너가 아직 명성을 얻지 못했을 무렵, 신예 고전학자 니체는 그 오페라에 흠뻑 빠져 그리스 비극과 비견될 새로운 예술이라고 절찬했다. 그 일을 계기로 두 사람은 급속히 가까워졌고 서로 편지를 주고받는 사이가 되었다. 바그너와 자신이 대등한 관계라고 착각했던 니체는 자신이 직접 작곡한 작품의 악보를 보여주었는데, 이때 바그너는 쌀쌀맞은 태도를 취했다. 그때부터 두 사람의 관계는 서먹해진다. 바그너에게는 자신의 음악만이 중요했고, 니체는 그저 자신의 추종자일 뿐이었다. 모욕을 당한 니체는 심리적 상처를 받은 이후 바그너와 절교했다. 두 사람은 서서히 서로를 멀리했고, 급기야는 격렬히 공격하는 사이로 변질되었다.

목사의 아들이었지만 '신은 죽었다'고 갈파했으며, 아버지가 돌아가신 후에는 강한 성격의 어머니에게 공부만을 강요당했던 신경질적이고 진지한 우등생 타입의 니체. 한편 자신의 진짜 아버지가 누군지도 모른 채 성장했고, 목적을 위해서라면 수단을 가리지 않았으며, 사람 좋은 왕을 속여 거금을 바치게 하고, 악단 지휘자의 아내와 간통하여 자식을 낳아놓고도 당당하기만 했던 자기애의 화신 바그너. 두 사람은 삶의 가치관이 완전히 달랐다. 바그너의 세계 속에는 '천재 바그너와 나머지 사람들'밖에 없었고, '나머지 사람들'은 자신을 예찬하고 봉사하면 그만이었다. 그에 비하면 니체의 세계관은 기독교적인 도덕관의 범주 안에 들어 있었다. 자신의 착각을 깨닫고 바그너에 대한 열광이 갑자기 식어버리자 일찍부터 니체의 마음속에 있던 위화감이 강한 거부감과 증오로 변했다. 그때까지 바그너에게 바쳤던 숭배조차도 감쪽같이 이용당했다는 생각에 그는 용서하기 힘든 분노에 시달렸다.

인간 알레르기와 자기애의 이중주

성인의 인간관계에서 '심리적 동일시'나 '자기애 전이'에서 비롯되는 자기애적 맹목 현상이 나타나는 것은 주로 연인 관계이다. 서로 빠져들고 사랑하며 존경하는 시기에 두 사람은 가장 소중한 것을 공유하고 있다고 느낀다. 서로의 존재가 희망이나 꿈을 향해 행동하는 버팀목이나 원동력이 되기도 한다.

소중한 가치와 관심, 감정을 공유하는 운명 공동체라고 느낄 때 파트너는 자신과 떼려야 뗄 수 없는 일심동체이다. 그래서 수많은 차이점이 있다 해도 공통점에 더 눈길이 가 이물질로 인식할 겨를이 없다.

하지만 소중한 것을 더 이상 공유하지 않는다고 느낄 때 '심리적 동일시'나 '자기애 전이'는 그 마력을 잃고 만다. 그저 차이점만이 더욱 도드라져 보일 뿐이다. 그러다가 마침내 불쾌하고 견디기 힘든 이물질로 인식하게 되면 그전까지는 전혀 문제가 되지 않았던 점에도 혐오감과 반발심이 생기고 이것은 점점 눈덩이처럼 불어난다. 파트너에 대한 인간 알레르기가 금세 공동생활을 어렵게 만드는 수준에 도달한다. 그래서 서로 얼굴을 마주할 때마다 사사건건 충돌한다. 이쯤 되면 차가운 침묵으로 버티며 깊이 관계하지 않을 것인가, 영혼 없는 대구를 하며 관계를 유지할 것인가 하는 선택의 기로에 서게 된다. 둘 중 그 어느 것도 더 이상 참을 수 없게 되면 헤어지거나 먼 거리를 두며 생활할 수밖에 없다.

【자기애를 추구하는 부인과 결별한 아베 고보】

『벽』, 『모래의 여자』, 『제4간빙기』 등 초현실주의 기법으로 독자적인 문학 세계를 구축하고 연극인으로도 활약한 아베 고보(安部公房, 1924~1993)에게 아내 마치코는 이상적인 파트너였다. 여대에서 미술을 공부한 마치코는, 수학에 특별한 재능이 있고 난해한 철학서도 술술 읽던 아베와는 대조적으로 직관력이나 표현력이 뛰어난 아름다운 여성이었다. 이 매력적이고 사교적인 반려자는 고독한 사색가였던 아베의 사교 폭을 넓히고 다양한 기회와 자극을 선사했다. 무명 시절은 물론이거니와 아베가 혼자 군계일학의 활약을 펼칠 때에도 그녀는 늘 옆에 머물며 남편의 활동을 누구보다 이해하고 지지했다.

하지만 쉰 살이 되고나서부터 마치코는 남편의 지지자 역할보다는 자신의 세계를 구축하는 데 정신을 쏟았다. 원래 화가를 꿈꾸었던 마치코에게 그것은 분명 자연스러운 욕망 추구였을 것이다.

하지만 아베는 그런 아내의 변화를 쉽게 받아들이지 못했다. 이제 아내는 자신과 아이디어나 기쁨, 희망을 공유하며 영감을 주는 존재가 아닌 자신의 독립된 꿈을 좇는 또 한 명의 예술가가 되고 만

것이다. 아베와 마치코 사이에는 서서히 커다란 벽이 생겼고, 아베
는 마침내 도쿄의 집을 떠나 하코네의 별장에서 생활했다.

Ⅳ 인간 알레르기의 전염성

가끔 볼 땐 좋았는데 자꾸 보니 별로네

알레르기 증상은 항원 자체가 원인이기도 하고, 그것을 억제하는 시스템의 균형이 무너져서 생기기도 한다. 항원 자체가 원인이 되는 경우 중 가장 많은 것은 항원과 접촉하는 횟수 때문이다. 접촉하는 횟수가 늘면 그전까지 무해했던 것도 종종 이물질로 변하기 때문이다. 또한 빈번하게 항체를 만드는 과정에서 수많은 지뢰가 터지고 이것이 알레르기 증상으로 나타나게 된다.

또 한꺼번에 많은 양의 항원이 침입하는 것도 알레르기의 발병 위험을 높인다. 유제품이든 해산물이든 가난하던 시절에는 드물게 식탁에 올랐지만 시대가 변해 매일같이 먹게 되니 감작이 일어나기 쉬워졌다. 요즘 아이들 중에 이크라(ikra, 연어나 송어의 알을 소금물에 절인 음식 – 옮긴이) 알레르기 증세를 호소하는 숫자가 증가한 것은 어려서부터 회전초밥을 먹을 기회가 늘어났기 때문이라고 추측할 수 있다. 인간관계에서도 마찬가지이다. 가끔 봤을 때는 개성이라고 웃어넘겼던 특징도 매일 반복해서 마주하면 거부 반응이 강하게 드는 경우가 많다.

최근에 정년퇴직한 남편과 사이가 나빠져 결국 이혼하는 부인의 사례가 늘고 있는데 이것이 바로 적절한 예이다. 대부분의 아내는 남편(항원)에게 이미 감작을 일으켜 심리적인 항체를 갖고 있지만 남편과 마주하는 시간이 급증해버리니 단숨에 격렬한 알레르기 반응이 일어나는 것이다.

처음 얼마 동안은 멋진 사람이라고 생각하지만 어느 시점부터 서서히 위화감이나 불쾌감이 들었던 적이 있지 않은가? 만약 그런 감정을 애써 무시한 채 만났다면 어떤 감정이 들었는가? 반발심이나 불신감이 점점 강해지지 않았는가? 아마도 어느 시점부터는 참을 수 없을 정도의 혐오감이나 강한 거부감만 들었을 것이다. 살다 보면 이런 일은 너무나도 많이 일어난다.

작은 위화감이나 불쾌감이 싹튼 단계에서는 심리적 감작이 일어나 상대방을 이물질로 인식함과 동시에 IgE항체가 생겨난다. 처음에는 이것이 그저 잠재되어 있을 뿐이지만 상대방이 뜬금없는 말과 행동을 하거나 불쾌한 태도를 보이면 마침내 격렬한 분노나 거부 반응을 일으킨다. 만약 그전까지는 아무렇지도 않게 받아들이던 당신이 갑자기 이 시점에 태도를 바꾸면 상대방은 몹시도 당황하며 반발할 것이다. 그러면 당신 안에 이물성(항원성)은 더욱 늘어나고 심리적 항체인 IgE항체가 점점 더 많이 생겨 분노와 공격, 혐오감과 거부감의 연쇄 작용이 일어나는 악순환을 반복하게 된다.

부처님 얼굴도 세 번까지

사람은 한 번쯤 불쾌한 일을 겪더라도 다른 부분에서 우호적인 감정을 갖고 있으면, 그 일이 치명적이지 않는 한 그냥 넘어가자는 의식이 작동하므로 심리적 알레르기가 바로 생기지는 않는다. 하지만 부처님 얼굴도 세 번까지라는 말이 있듯, 똑같은 잘못을 반복하는 사람에게 주의나 부탁을 했는데도 개선의 조짐이 보이지 않으면 이물성이 강해져 감작이 일어난다. 이미 감작을 일으켜 심리적 항체가 생겨버린 경우에는 인간 알레르기가 일어나고 만다.

【두 얼굴의 신입 직원】

기미코(가명) 씨는 30대 여성으로 병원에서 의료 사무 일을 하고 있다. 책임감이 강하고 일처리도 똑 부러져 지금까지 힘든 상황을 몇 번이나 극복했다. 그런 그녀가 최대의 위기를 맞이했다.

애당초 사건의 계기는 실력 있는 상사였던 주임의 퇴직이었다. 안 그래도 부담이 늘어났는데 새로 들어온 신입 여직원이 사태를 악화시켰다. 그녀는 성격도 밝고 말도 잘해서 처음에는 기미코 씨도 괜찮은 사람이라고 생각했다. 하지만 막상 함께 일해보니 일처리가 미숙하고 실수도 많이 한다는 걸 알게 되었다. 진료 기록 카드를 작성하는 도중에 다른 일을 부탁하면 진료 기록 작성은 그냥 내버려둔 채 잊어버리고, 중요한 연락도 깜박 잊어버리는 일이 반복되었던 것이다.

처음에는 익숙지 않아서 그러려니 생각하며 실수를 방지하는 방법을 가르쳐주었다. 본인도 순순히 "조심하겠습니다"라고 말했다. 하지만 말만 그렇게 할 뿐 또다시 같은 실수를 저질렀다. 가르쳐준 방법대로 하지도 않았고 그저 자기 식대로 대충대충 처리했다. 애써 가르쳐준 보람도 느끼지 못한 기미코 씨는 그녀를 다시 가르치고 싶은 마음이 생기지 않았다.

최근에는 회사에 완전 적응해서 그런지 일처리가 더욱 태만해졌다. 하지만 그녀가 실수를 할 때마다 자신은 환자나 의사에게 연신 고개를 숙여야만 했다. 그런데 본인은 미안한 기색도 없이 넉살 좋게 주변 사람들에게 애교를 떨어댔다. 사무장이나 의사들도 '밝고 좋은 사람이 들어왔다'고 말할 정도였다.

그러다 보니 기미코 씨는 이제 그녀의 얼굴을 보기만 해도 혐오 감이 들고, 목소리를 들으면 소름이 돋는 것 같다. 잠도 제대로 못 자고 왠지 화가 나서 기분도 가라앉았다. 급기야는 그녀와 같이 일할 바에야 차라리 그만두는 게 낫다는 생각까지 하게 되었다.

이 사례도 처음에는 실수를 받아주었지만 그 실수가 거듭되자 완전한 인간 알레르기 상태에 빠진 경우이다. 일단 증세가 나타나면 공존은 어렵다. 참을수록 스트레스는 쌓이고 만다.

인내가 끓는점을 넘기는 순간

몸의 알레르기 반응은 일상생활을 하는 데 불편함을 주지만, 보통 죽음과 관계될 정도는 아니다. 하지만 그중에는 아나필락시스라는 격렬한 거부 반응이 일어날 때가 있다. 이런 경우에는 항원과 접촉하지 않도록 주의해야만 한다. 그러지 않으면 생명에 지장을 줄 수도 있다.

장기 이식의 경우에도 강한 거부 반응이 일어나면 손쓸 수 없을 때가 있다. 어렵게 이식한 장기가 이물질로 여겨져 제거와 공격의 대상이 되어 괴사를 일으키는 것이다. 이렇게 되면 도저히 공존할 수가 없다.

인간 알레르기도 마찬가지이다. 인간 알레르기가 생겨나도 대부분의 사람들은 그동안의 신뢰 관계를 생각해 이성의 힘을 발휘한다. 따라서 갑자기 상대방을 제거하거나 공격하지 않고, 어떻게든 상대방을 받아들이며 지내려 한다. 하지만 거기에 더 안좋은 요인이 겹치면 결국 한계에 도달한다. 일단 한계를 넘어버리면 알레르기를 억제하기 위해 작동하는 이성과 애착의 힘이 단숨에 힘을 잃는다. 오히려 이성의 힘까지도 제거와 공격을 정당화하는 방향으로 작용하는 역전 현상이 벌어진다.

그 사람과 도저히 어울릴 수 없는 강한 알레르기 반응이 일어났을 때는 상대방과 떨어져 지낼 수밖에 없다. 참다 보면 상처는 더욱 커져서 일상생활에 지장을 줄 뿐만 아니라 심신의 건강도 위협하고 만다.

【나는 당신의 노예가 아니야】

고이치 씨(가명)는 대기업의 기술자로 현장에서 열심히 일하다가 5년쯤 전에 독립해서 지금은 하청업체를 운영하고 있다. 다섯 살 연하의 아내 사키 씨(가명)는 결혼하기 전까지는 백화점 판매원으로 일했지만 아이가 생기고 나서는 가정을 우선시하며 그야말로 현모양처로서 최선을 다했다.

남편이 독립하고 나서부터는 일정치 않은 수입을 보충하기 위해 파트타임으로 일했다. 업무 스트레스 때문에 고이치 씨가 우울해할 때도 한 마디 불평 없이 풀타임으로 일하며 가계를 꾸렸다. 고이치 씨는 해외 출장이 많았기 때문에 자녀 문제도 거의 혼자 해결했다. 게다가 회계 처리나 출장 때의 교통편, 숙박 예약까지 사키 씨가 해결해주었다.

그러던 어느 날, 예약한 줄 알았던 비행기의 예약이 취소되어서 해외 업무에 지장이 생기고 말았다. 사실은 여행사에서 실수한 것이었지만 고이치 씨는 사키 씨에게 전화를 걸어 화풀이를 했다.

그런데 해외 업무를 마친 고이치 씨가 한 달 만에 집에 돌아와보니 집안 분위기가 왠지 이상했다. 아내는 평소처럼 남편을 맞아주었지만 수고했다는 말 한 마디 없이 고개를 돌려버렸다. 집 안도 온통 어질러져 있었다. 고이치 씨는 당황한 나머지 할 말을 잃었다가 서서히 울화가 치밀었고 마침내는 자신이 얼마나 힘들게 일하고 왔는지 아느냐고 소리를 질렀다. 그러자 사키 씨는 한껏 일그러진 표정을 짓더니 그동안 쌓아두었던 불만을 다 털어놓았다. 그러고는 "나는 당신의 노예가 아니야!" 하고 내뱉더니 그대로 집을 뛰쳐나가 버렸다.

사키 씨는 며칠이 지나도 돌아오지 않았고, 휴대전화도 받지 않았다. 고이치 씨는 분노가 가라앉자 걱정이 되기 시작했다. 그런데 휴대전화의 위치 정보 애플리케이션을 이용해 아내가 어디 있는지 알아보았더니 같은 시내에 있는 것이 아닌가. 그는 당황해하면서도 아내를 찾기 위해 그곳으로 찾아갔다가 사이좋게 손을 잡은 남녀가 집에서 나오는 광경을 멀리서 목격한다.

저도 모르게 몸을 숨긴 고이치 씨는 자신의 눈을 의심했다. 남자의 어깨에 몸을 기대고 있는 사람은 틀림없이 자신의 아내, 사키 씨였던 것이다. 게다가 그녀는 최근에는 전혀 볼 수 없었던 애교 넘치는 모습이었다. 그러자 고이치 씨는 분노로 제정신을 잃고 두 사람을 쫓아가 뒤에서 아내를 붙잡으며 "무슨 짓이야!" 하고 소리쳤고, 상대방 남자에게도 "남의 마누라한테 무슨 짓이냐!"고 따져 물었다.

사키 씨는 그 순간 당황하는 듯 보였지만 곧이어 고이치 씨의 손을 뿌리치며 원한 서린 얼굴로 "당신이야말로 무슨 짓이야. 남편인 척하지 마. 당신 얼굴은 꼴도 보기 싫어" 하고 단호히 말했다. 고이치 씨는 몹시 상처받은 채 물러날 수밖에 없었다. 며칠 후에 사키 씨는 돌아왔지만 한 마디도 하지 않았고, 집안일도 전혀 하지 않았다. 또한 마음대로 집을 나가 다른 남자를 만나는 것 같았다.

하지만 그날 이후 고이치 씨는 사키 씨에게 한 마디 불평도 할 수 없었다. 뭐라고 한 마디만 잘못해도 아내가 화를 내며 아예 집을 나가버릴 것 같았기 때문이다. 그는 아내가 돌아와준 것만으로도 아직 기회가 있을지 모른다고 생각했던 것이다. 그러나 사키 씨는 지금까지 참았던 스트레스까지 다 해소하려는 듯 집안일도, 자녀 양육도 모두 남편에게 떠넘기고, 자신이 하고 싶은 대로 살았다. 고이치 씨가 기분을 맞춰주려고 잠자코 있다 보니 그녀가 먼저 말을 건네며 새로 산 옷이 어울리느냐고 물어보기도 했다. 하지만 갑자기 마음이 뒤틀리기라도 하면 흥 하고 얼굴을 돌리고 고이치 씨에게 혐오감을 드러내는 태도를 취했다.

정숙하고 참을성이 강하며 현모양처의 표본처럼 남편과 가정에 충실했던 부인이 인내심의 한계를 넘는 상황에 처하면 남편이나 가족에게 격렬한 거부 반응을 보이며 정반대의 행동을 할 때가 많다. 도저히 회복이 불가능해 보이지만 만약 남편이 아내에게 진심으로 용서를 구하고, 얼마 동안 자유를 주며 기다리면 어느새 원래대로 돌아오는 경우도 있다.

특히 아직 젊고 성적으로 서로를 원하는 경우에는 회복이 가능하다. 그러나 서로에게 혐오감이나 불신감이 남는 것은 피하기 어렵다. 다시 회복된 듯 보여도 일단 생겨난 균열은 언젠가 그 관계를 깨뜨리고 만다.

나쁜 감정의 연쇄 반응 ①
거부감의 확산

인간 알레르기는 한 번 나타나기 시작하면 반응이 폭발적으로 확대되고 점차 악화되는 성질이 있다. 나쁜 감정의 연쇄 반응에는 크게 네 가지 유형이 있다.

먼저 심리적 항원, 즉 싫어하는 인물에 더욱 민감해지며, 전과 똑같이 접촉해도 더욱 격렬한 거부 반응이 나온다는 것이다. 이때 자주 일어나는 것은 일부분에 불과했던 거부감이 전체적으로 퍼진다는 점이다.

어떤 사람에 대해 심리적 감작이 생기면 그전까지는 그리 신경 쓰이지 않았던 특징도 불쾌하게 느껴지고, 거부 반응이 일어나다가 마침내는 그 사람을 생각하는 것만으로도 기분이 나빠진다. 그 사람의 장점조차 긍정적으로 평가할 수 없고 모든 것이 속임수나 단점으로만 보인다.

이를테면 지금까지 믿었던 동료가 뒤에서 당신의 일처리 방식에 대해 뒷담화를 하고 다닌다는 말을 들었다 치자. 당신은 배신감을 느낄 것이다. 상대가 그렇게 나온다면 나도 가만히 있을 수 없다. 그러니 상대방을 더 엄격한 시선으로 바라보게 되고 그전까지 아무렇지 않았던 말과 행동, 태도가 수상하게 느껴진다. 그러면 거부감이 밀려오고, 그것이 한계를 넘으면 그전까지 상대방의 장점이라고 생각했던 책임감이나 정의감조차 융통성 없는 고집이라는 생각이 들어 마침내 혐오감까지 느끼게 된다.

어떤 여자는 최근 만난 남자를 멋지다고 생각해 연애 감정을 품기 시작했다. 그런데 아직 만난 지 얼마 안 됐는데 남자가 억지로 성관계를 요구했다. 그녀는 환멸을 느꼈다. 그때까지 좋다고 느꼈던 친절한 태도와 유머러스한 대화도 모두 성관계가 목적이었다는 생각이 들자 그 남자를 도저히 받아들일 수 없었다.

오직 하나뿐인 자신과 딱 한 번뿐인 인생을 지키기 위해 마음의 면역 체계는 대개 '수상하면 제거한다'는 엄격한 원칙으로 움직인다. 그래서 설령 마음이 끌린다 해도 강한 거부감을 불러일으키는 부분이 있으면 그 존재 전체를 받아들일 수 없게끔 변하고 마는 것이다.

나쁜 감정의 연쇄 반응 ②
도미노 현상

인간 알레르기가 나쁜 감정의 연쇄 반응을 일으키는 것은 과민성에 의해 행동이 소심해지고, 궁지에 몰렸다고 느껴 패닉 상태에서 행동하기 때문이기도 하다. 불쾌한 일을 피하려다가 더 불쾌한 일을 불러오는 것이다.

【꼬리에 꼬리를 물고 이어지는 나쁜 사건들】

아유미 씨(가명)는 아이와 함께 슈퍼마켓에 갔다. 거기에서 같은 유치원에 다니는 아이들 어머니 세 명이 즐겁게 이야기하고 있었다. 그중에 상대하기가 약간 거북한 사람도 섞여 있어서 그녀는 그들 눈에 띄지 않은 것을 다행으로 여기며 재빨리 필요한 물건만 사서 나가려고 했다. 그런데 서둘러 계산을 마치고 아이를 찾으니 그 어머니들이 모여 있는 근처에서 장난감 인형을 구경하고 있었다.

손짓했지만 아이가 전혀 돌아보지 않자 그녀는 어쩔 수 없이 이름을 불러야만 했다. 그런데 아무리 불러도 아이는 꿈짝하지 않았다. 아유미 씨는 결국 아이를 끌고 나오다시피 슈퍼마켓을 나왔는데, 그 어머니들이 보지나 않았는지 신경이 쓰여 견딜 수가 없었다. 집에 돌아온 그녀는 "불렀는데 왜 곧바로 안 왔어!" 하며 아이를 심하게 나무랐다. 그러면서도 그게 또 미안해져서 침울해졌고, 저녁 식사를 준비할 마음도 들지 않아 잠깐 누워 있다가 깜빡 잠들고 말았다. 문득 깨어나보니 아이는 배가 고팠는지 사온 반찬거리를 제멋대로 먹고 있었다. 그래서 다시 화가 났고 아이를 혼냈다. 그러다가 그런 자신이 싫어져서 또다시 이부자리에 누워버렸다.

아유미 씨는 어린 시절부터 거북한 사람과는 부딪치지 않으려고 피해 다녔다. 안면이 있는 사람과 마주쳐도 못 본 척하거나 그냥 지나쳐버리는 일이 많았다. 상대편도 보지 못했기를 바라며 시야에서 사라지고 나서야 안도의 한숨을 쉬었다고 한다.

아유미 씨는 부모에게도 진심으로 어리광을 부릴 수 없다는 문제를 안고 있었다. 한편 부모에게 인정받고, 부모를 기쁘게 해주고 싶은 마음은 누구보다 강해서 늘 좋은 점만 보여주려고 했다. 미모가 뛰어났지만 있는 그대로의 자신에게 자신감을 갖지 못해 완벽하게 화장하지 않으면 외출도 하지 않았다.

이 사례도 따지고 보면 거북한 사람과 마주치고 싶지 않다는 마음에서부터 시작한다. 인간 알레르기를 가진 채 접촉을 피하려고 과민해지는 것이 도미도 현상을 일으켜 다른 여러 문제를 유발했던 것이다.

나쁜 감정의 연쇄 반응 ③
확대재생산

세 번째 유형은 알레르기의 대상 자체가 확대재생산된다는 것이다. 몸의 알레르기는 본래 특정 물질에 대한 특이 반응이며, 항원 인식은 어디까지나 개별 물질에 대해 생긴다. 하지만 그 결과 만들어진 면역 물질이나 면역 반응에는 공통된 부분도 많다. 각각은 모두 일어나는 경로는 다르지만 도중에 교차하거나 중첩되기도 한다. 그래서 유사한 물질에는 알레르기가 불길처럼 번지기 쉬운 것이다.

꽃가루 알레르기(일본에서는 화분증(花粉症)이라고 한다. 꽃가루가 점막을 자극함으로써 일어나는 알레르기로 결막염, 코염, 천식 따위의 증상이 나타난다)인 사람이 사과 등의 과일이나 콩에도 알레르기를 일으키는 경우가 최근 늘어나고 있다. 그 원인은 꽃가루와 화학 구조가 비슷한 물질이 과일이나 콩에도 포함되어 있어 유사한 물질을 알레르겐으로 '오인'하기 때문이라고 한다. 자작나무 꽃가루에 알레르기가 있는 사람이, 같은 장미과 과일인 사과나 체리, 딸기 등에 구강 알레르기 증후군을 일으키는 경우가 바로 그런 예이다. 이 현상을 교차반응이라고 부른다. 일단 교차반응이 일어나면 설령 오해에서 비롯되었다 해도 그 물질은 원래 상태로 돌아갈 수 없다.

인간 알레르기도 똑같은 현상을 일으킨다. 어떤 부분적인 특징이 기존에 이물질로 판단했던 것과 비슷하면 알레르기 증세가 나오는 경우는 빈번하다. 이를테면 거만한 유형의 사람에게 안 좋은 감정이 있는 사람은 비슷한 징후를 감지하면 거부 반응 스위치가 켜진다. 눈앞에 있는 사람이 전혀 다른 사람인데도 건방지고 오만한 태도라는 특징 때문에 마음의 면역 반응을 일으키고 마는 것이다.

인간 알레르기가 심해진 경우에는 본래 관계없던 조건이 일치하는 것만으로도 동일시가 일어난다. 예를 들어 과거에 진절머리 나게 했던 인물 A와 같이 화려한 색깔의 넥타이를 즐겨 맨다는 것만으로 전혀 다른 인물인 B에게 거부 반응이 생긴다. 목소리나 말투 등 B의 특징 중 일부가 A를 연상하게 하면 B에게도 혐오감을 느낀다. 더 나아가서는 B가 쓰는 물건이나 좋아하는 운동, 음악 같은 취미에까지 거부감이 생긴다. 며느리가 미우면 손자까지 밉다는 심리 상태가 되는 것이다.

나쁜 감정의 연쇄 반응 ④
변질

네 번째 유형은 전혀 상관없는 다른 대상에도 나쁜 감정이 변질되어 적용되는 것이다. 이를테면 원래 호감을 갖고 있던 존재까지 싫어하는 존재와 똑같은 취급을 하면서 불신감을 갖게 되는 경우이다.

【더럽혀진 피아노 학원】

아야코 씨(가명)는 반년쯤 전부터 피아노 학원에 다녔다. 학원 분위기도, 레슨해주는 선생님도 모두 마음에 들었다. 그런데 어느 날, 몇 년 전에 다른 곳에서 크게 싸웠던 사람과 학원 접수처에서 마주치고 말았다. 과거의 안 좋은 감정이 치미는 것과 동시에 그 사람도 이 학원에 다니고 같은 선생님에게 배우고 있나 하는 생각이 들자 갑자기 그곳이 더럽게 느껴졌고, 학원 자체와 선생님에게도 거부감이 들게 되었다.

친구나 자식이 결혼했는데, 그 배우자가 별로 마음에 들지 않아서 결국 당사자와도 소원해지는 경우 역시 흔하다. 취직이나 자녀의 탄생 등을 계기로 처지가 바뀐 상대방을 '다른 세계 사람이 되었다', '변했다'고 느껴 멀어지는 일도 드물지 않다. 원래 인간 알레르기를 품고 있는 사람은 상대방의 변화에 과민하다. 그래도 꾹 참고 계속 잘 지내려다 보면 오히려 더욱 괴로워진다.

이처럼 인간 알레르기는 마음을 허락해도 좋은 사람까지 이물질로 취급하고, 그 결과 또 다른 인간 알레르기를 만들어낸다. 인간 알레르기인 사람은 좋은 점보다 나쁜 점에 주목하기 십상이다. 그래서 같은 체험을 해도 쉽게 불만이나 분노를 느끼며 부정적인 반응이나 공격적인 대응을 하기도 하는데 그 결과 부정적인 감정이 주변 사람들에게도 전염된다. 상대방도 똑같은 인간 알레르기를 가진 경우에는 사소한 부정이나 공격을 당하면 격렬한 반응으로 응수한다.

자기 자신에 대한 인간 알레르기

보통 신체 면역계에서는 자기 자신에 대한 배제와 공격이 일어나지 않도록 통제한다. 그런데 자기 자신이라 해도 거기에 이물질이 들러붙거나 이물질과 유사하면 착각을 일으켜 공격 대상으로 여길 때가 있다. 자기 자신의 일부를 이물질(항원)로 인식하여 자가 항체가 만들어지는 것이다. 관절이 굳고 아픈 만성 관절 류머티즘이나 침과 눈물 분비가 감소하는 쇼그렌 증후군(Sjögren's syndrome, 코와 목이 마르고 침과 눈물이 잘 안 나오며 관절통까지 동반되는 병 - 옮긴이) 같은 자가면역질환은 면역관용의 시스템이 망가져 자가 항체가 자신의 몸을 공격하고 파괴함으로써 생긴다.

마음의 면역에서도 똑같은 상태가 나타난다. 자신이 가장 믿어도 되는 존재를 더 이상 믿지 못하고 공격의 대상으로 삼는 것이다. 가정 폭력은 그 대표적인 예이다. 그리고 자기 자신에게 혐오감을 느끼거나 고통을 주는 경우도 있다.

이런 일이 생기는 가장 큰 원인은 어린 시절부터 형성되어 있어야 할 마음의 면역관용이 충분하지 않기 때문이다. 안심감이나 자기 긍정감을 키우는 최초의 단계에서 어머니와 불안정한 애착 관계를 맺으면 자신에게도 거부감이나 자기 부정감을 갖기 쉽다.

V 발달 장애와 인간 알레르기

인간 알레르기를 타고난 사람들

인간 알레르기를 일으키는 요인은 그 밖에도 더 있다. 유전적, 태생적 요인으로 신경과민이거나 불안이 강하고 커뮤니케이션이 서툰 경우, 타인에게 집착하는 경향이 강한 경우, 유연성이 부족하거나 좀처럼 주변 사람들에게 협조하지 못하는 경우에는 인간 알레르기가 될 위험이 높다. 그런 상태의 대표적인 것이 자폐증(정식 명칭은 자폐 범주성 장애autism spectrum disorders이다 – 옮긴이)이나 주의력결핍 과잉행동장애(ADHD) 같은 소위 말하는 발달 장애(신경 발달 장애라고도 한다)이다.

이 발달상의 문제가 인간 알레르기를 일으키기 쉬운 이유는 그 자체의 특성 때문이다. 그런 특성을 갖고 있으면 주변 사람들로부터 이물질 취급을 받아 학대나 집단 따돌림을 받기 십상이다.

다만 같은 유전적, 태생적 요인을 가지고 태어났다 해도 그 사람이 처한 환경에 따라 중증 인간 알레르기가 되는 사람도 있고, 그것에서 벗어나는 사람도 있다. 안정된 애착은 어느 정도 불리한 요인을 완충해주지만 반대로 발달 장애 성향이 늘수록 인간 알레르기를 일으킬 위험은 배가된다.

타인에게 기쁨을 느낄 수 없는 사람들

자폐증의 특징은 신경과민, 획일적인 행동, 흥미에 사로잡히는 경향, 타인과 상호적이고 유연한 관계를 맺는 게 어려워 대인 관계나 커뮤니케이션이 원만하지 않다는 것이다.

생후 초기에는 시선을 잘 마주치지 못하고, 표정과 반응이 부족한 경향이 있으며, 보통은 생후 아홉 달이 지난 무렵부터 형성되어야 하는 주의력이 떨어진다. 어머니가 아무리 손가락으로 어떤 사물을 가리키며 흥미를 끌어보아도 시선을 주지 않는다. 주의력이 떨어지면 함께 관심사를 공유할 수 없기 때문에 감정 교류도 이루어지지 않는다.

보통은 만으로 네 살이 되면 상대방의 입장에 서서 기분을 추측하는 '마음 이론'이라는 능력이 생기는데, 자폐증인 아이는 그것이 한참 늦다. 어른이 되어도 자연스럽게 타인에게 공감하지 못한다. 주변의 관심을 따라가지 못해 뒤처지거나 상대방의 기분을 알지 못해 어리둥절해하는 등, 악의는 없는데 눈에 거슬리는 짓을 하여 주변 사람들의 분노를 사는 경우도 많다.

자폐증의 원인이 되는 유전 요인은 매우 다양하다. 애착을 형성하는 데 중요한 옥시토신 수용체 유전자의 변이나, 불안이나 흥분을 억제하는 신경전달물질 중 하나인 GABA 수용체 유전자의 변이와 관련된 경우도 있다. 다른 유전자 변이에 의해 사회적

무쾌감증(인간에게 기쁨을 느끼기 어려운 체질)을 만들고 그것이 원인인 경우도 있다. 다만 뒤에서 서술할 마이클 러터의 연구 이후, 양육을 게을리하는 부모 때문에 자폐증이 발생하는 사례가 꽤 많이 밝혀져 환경 요인도 무시할 수 없다는 점이 새삼 떠오르고 있다. 부모 또한 똑같은 성향을 가진 경우가 많아서 아무런 자각 없이 아이를 방치하거나 아이에게 공감하는 모습을 보여주지 못한다는 것이 문제이다. 즉 유전적 요인은 양육 과정에도 큰 영향을 줄 수밖에 없는 것이다.

어떤 요인으로 일어나든 자폐증인 사람은 신경과민에 불안감이 강하고, 타인과 함께 있으면 기쁨보다 고통을 느낀다는 공통점이 있다. 또한 상대방의 시선이나 표정, 몸짓 같은 사회적 신호에 대한 반응이 약하다.

자폐증인 사람에게 주변 사람은 텔레파시로 대화하는 초능력자처럼 보인다. 자신은 명확한 말로 이야기하는 것만 이해하는데 주변 사람들은 눈짓이나 미묘한 억양, 약간의 몸짓으로도 서로 신호를 주고받는다. 그 미묘한 차이를 이해하는 건 이들에게 너무나 어려운 일이다.

그 때문에 이들은 타인과 함께 있는 것에 기쁨보다 불편함을 느낀다. 그래서 외톨이가 되거나 따돌림당하기 쉽다. 상대방이 주관이 강해서 그렇다고 이해해주면 그나마 다행이다. 그러나 보통은 '제멋대로다, 협동심이 없다, 자신이 하고 싶은 일만 한다'

는 평판을 사기 쉽다.

관심과 마음을 공유하지 못한다는 특징 때문에 주변 사람들로부터 이물질 취급을 받는다는 것은 앞에서 서술한 바 있다. 이들은 주변 사람들에게 거절이나 비난을 받음으로써 타인에게 거부감이나 공포감을 품게 된다. 그러면 더더욱 타인과 있는 게 불안하고 고통스러워지고 관심과 마음을 공유하기도 힘들어진다. 이런 악순환이 반복되면 인간 알레르기가 생긴다.

【고독한 천재, 니체】

남아 있는 기록을 토대로 성장 과정이나 증상을 살펴본 결과 철학자 니체는 자폐증의 일종인 아스퍼거 장애(Asperger's syndrome)였을 거라 짐작할 수 있다. 그는 세 살이 되어도 말 한 마디 못했는데 네 살 때는 독서를 시작했다. 음성 언어의 미발달과 문자 언어의 자연스러운 습득이라는 간극은 아스퍼거 장애의 특징 중 하나이다.

하지만 불행하게도 철들기 시작할 무렵 그가 본 것은 목사였던 아버지가 망가지는 모습이었다. 신경 질환에 시달리던 아버지는 경련과 안면 마비 증상부터 의식을 잃는 발작과 실어증, 실명, 착란, 심한 격통까지 겪는다. 아마 아버지도 니체가 천형처럼 짊어지게 된 병, 신경매독이었을 것이다. 그 공포스러운 기억은 오랫동안 그를 괴롭히며 마음의 안정을 위협했다. 그러지 않아도 니체는 신경

과민에 불안이 강한 아이였다. 기숙학교의 기록에 따르면 끊임없는 두통과 위염 같은 심신 미약으로 종종 수업에 빠졌다고 한다. 그뿐 아니라 환청을 듣고 악몽도 꿨다. 그는 공상하는 것을 좋아했다. 인형이나 주석 병정, 도자기로 만든 동물들로 이루어진 세계는 '다람쥐 왕'이 질서 있게 통치했다. 니체는 아홉 살이 돼서도 인형 놀이를 계속 반복했다.

그런데 정신적으로 불안하고 과민한 반면 성적은 아주 우수했다. 게다가 시나 음악에도 뛰어난 재능을 보여 목사들은 그를 '천재'라고 여겼다. 이런 유형의 사람들에게는 너무 자유롭고 무질서한 학교보다는 답답한 구석은 있지만 군대 같은 스파르타식 학교가 더 나은 면도 있다.

아버지를 일찍 여읜 니체에게 다행히도 어머니는 늘 그의 비호자가 되어주었다. 슬하에 딸이 있었지만 아들에 대한 사랑은 매우 각별했다. 어머니는 아들의 재능을 일찍부터 알아보고 아들만을 희망으로 삼으며 인생을 보냈다.

어머니는 아직 젊었기 때문에 친정으로 돌아갈 수도 있었다. 하지만 아이들의 장래를 위해 시어머니, 시누이와 함께 좁은 집에서 사는 길을 선택했다. 모자가 살았던 곳은 북향의 작은 방이었다. 그곳에서 어머니는 거의 아들 옆에 붙어 공부를 가르쳤다고 한다. 늘 가혹하리만치 빽빽한 일과를 정해주고 조금이라도 게을리하면 엄격하게 질책했다. 이런 지나친 기대가 과민한 소년을 꽁꽁 얽어매어 더욱 괴로운 삶을 살게 한 측면도 있다.

니체는 고전어를 전공했는데, 곧바로 그 재능을 교수에게 인정받았다. 하지만 이 '천재'의 내면에는 불안정과 위화감, 그리고 지나치게 강한 자존심과 과민함이 동시에 존재하여 그의 사고와 행동 사이에는 끊임없이 간극이 생겨났다. 스물다섯 살에 바젤 대학의 교수라는 이례적인 출세를 이루었지만 주변 사람들은 곧바로 '니체 교수에게는 어딘지 모르게 보통 사람과는 다른 구석이 있다'고 생각하게 되었다. 어떤 사람들은 그의 행동이 연극 같다거나 딱딱한 구석이 있다고도 평가했다. 또 어떤 여자는 자리에 어울리지 않는 대화에 당황스러워했다. 니체가 만찬회 자리에서 자신이 두꺼비를 먹는 꿈을 꾸었다는 이야기를 늘어놓았던 것이다. 이야기를 듣는 사람이 거북스러워한 것은 굳이 말할 필요도 없다.

학생 시절에는 바이런에 열중했던 것에서도 드러나듯 그는 좀 더 자유분방하고 영웅적인 삶을 동경했다. 바그너의 오페라에도 감동하여 한때 심취했다. 하지만 니체는 바이런이나 바그너처럼 살 수 없었다. 그러나 그가 열광했던 또 한 사람, 비관론자이자 철학자인 쇼펜하우어와는 고독하다는 점과 인간관계에 서툴다는 점이 매우 유사했다.

니체는 젊은 나이에 교수가 됐지만 서서히 주변 사람들로부터 고립되어 마침내 대학을 그만두고 은둔 생활을 하며 집필에만 몰두한다. 그가 집필만으로 근근이 살아갈 수 있었던 것은 대학에서 조금이나마 연금이 나왔기 때문이다.

주의력결핍과 인간 알레르기

또 하나의 대표적인 발달 장애는 부주의와 과다 활동, 충동성을 특징으로 하는 주의력결핍 과잉행동장애(ADHD)이다. 자폐증과 마찬가지로 이것도 다양한 요인에 의해 생기는 장애다. 유전적 요인이 크지만 학대를 받거나 애정이 부족한 아이에게 상당히 높은 비율로 ADHD 증상이 나타난다는 것은 이미 알려진 사실이다. 특히 아동 시설 등에서 일한 경험이 있는 사람들은 오래전부터 이 사실을 잘 알고 있었다.

ADHD와 관련이 있다고 거론된 유전자는 다양하지만 그중에서 확증을 얻은 거의 유일한 것은 바로 도파민 D4 수용체의 다형 유전자이다. 이 유형의 유전자를 물려받은 사람은 그렇지 않은 사람보다 ADHD에 걸릴 가능성이 크다.

하지만 이 다형 유전자를 가진 사람의 비율은 전체 인구의 10퍼센트에 이를 정도이다. 변이 유전자가 아닌 다형 유전자라고 부르는 것은 이 때문인데, 이렇게나 많은 사람에게 퍼져 있는 것은 살아남기에 유리하기 때문일 것이다.

이 다형 유전자를 가진 사람은 호기심이 왕성하여 현재 상태에 연연하기보다 새로운 모험을 즐긴다. 그리고 사람이나 사는 장소에 대한 애착이 약하다. 유목민 중에는 이 유전자를 가진 사람이 많다. 위험을 무릅쓰고 신천지로 떠나 그곳에서 살아남기 위해 기회를 찾으려는 특성은 어지러운 시대일수록 특히 힘을 발휘한다.

놀랍게도 이 다형 유전자를 가진 사람은 ADHD뿐만 아니라 애착 장애일 확률이 높다. 애착이 약하다는 특징과 더불어 과다 활동 때문에 학대 대상이 되기 쉽고, 애착 형성에 실패할 위험도 높다. 부모도 같은 다형 유전자를 가진 경우가 많으므로 더욱더 애착을 형성하는 데 어려움이 따를 것이다.

ADHD인 아이가 학교에 가면 부주의한 실수나 실패를 하는 경우가 많아서 부모나 교사로부터 혼이 나거나 주변 아이들에게 비난을 사기 십상이다. 이런 체험이 반발과 반항으로 이어져 비행이나 반사회적 행동을 할 때도 있고, 또 자기 부정이나 그것을 달래기 위한 의존적 행동을 할 때도 있다. 그 밑바탕에 있는 것은 부정적인 체험 때문에 생겨난 타인과 자기에 대한 불신이며, 그것을 인간 알레르기라고 바꿔 말할 수도 있다.

【어른이 되어 슬픈 생텍쥐페리】

『어린 왕자』, 『야간비행』 같은 명작으로 유명한 생텍쥐페리 (Saint-Exupéry, 1900~1944)는 어린 시절뿐만 아니라 전 생애에 걸쳐 ADHD의 특성을 강하게 드러낸 인물이었다. 그는 어린 시절 잠시도 가만히 있지 못하고 이리저리 돌아다녔기 때문에 누구도 통제하기 힘든 난폭한 아이였다. 방을 잔뜩 어질러놓고 만지는 것마다 모두 망가뜨리거나 더럽히는 악동이었다. 그는 다섯 형제 중 셋째에, 아버지를 세 살 때 여의어 어머니가 응석을 모두 받아주었던 만큼 통제가 힘든 아이로 자랐다.

규율이 엄격한 예수회 계통의 학교에 들어갔지만 주의가 산만하고 정리 정돈을 못했다. 일처리가 서툰데다 차분하지도 않고, 성적도 뛰어나지 않았던 그는 급기야 문제아 취급을 받으며 더욱 반항적인 아이가 되었다. 훗날 비행기를 몰게 되기는 했지만 평소 운동신경이 둔하여 자전거조차 쉽게 타지 못했다.

학교에 전혀 적응하지 못하는 아이를 어떻게든 해보고픈 마음에 어머니는 스위스에 있는 자유로운 교풍의 학교로 전학을 보낸다. 생텍쥐페리는 그곳에서 살아났다. 성적도 올랐고, 문학에 눈을 뜨더니 시와 데생에 재능을 보였다. 과목 중에서는 국어인 프랑스어를 제일 잘했지만 그래도 훗날의 세계적 작가가 쓴 문장은 오자투성이였다.

열두 살 때 그는 인생을 결정짓는 중대한 체험을 한다. 당시 주목받기 시작한 비행기에 매료되어 격납고를 드나들다가 실제로 탑승하게 된 것이다. 그렇지만 그때는 1차 세계대전이 시작되기 얼마 전으로, 당시 비행기는 시험 삼아 세 대를 만들면 두 대는 머지않아 추락할 운명이어서 도저히 안전한 이동수단이라고는 말할 수 없었다. 하지만 그는 그때의 감동을 잊지 못하고, 공군 학교에 지원했으나 시험에서 떨어지고 말았다. 스물한 살 때 항공대에 지원하여 입대했지만 비행기 조종사가 되는 것은 당시에도 쉬운 일이 아니었다. 그는 어머니에게 돈을 타내 고액의 훈련비를 내고 민간 항공 회사에서 훈련을 받았다. 비행기 조종사 자격을 따자 그는 비행기를 몰고 싶다는 일념으로 기회를 찾아 이리저리 뛰어다녔다. 하지만 애당초 주의가 산만하고 조종에 서툴렀던 그는 치명적인 실수를 했고 이륙 직후 90미터 높이에서 추락했다. 그 당시 비행기는 산산이 부서지고 자신은 전신타박상을 입었지만 그 후에도 아랑곳없이 조종사 일을 찾아 전 세계를 방황했다. 그가 주로 조종했던 것은 우편 비행기였다. 북아프리카의 사막이나 대서양, 남미 안데스 상공을 고독하게 비행하는 것이 파리의 사교계나 도시의 쾌적한 생활보다 훨씬 매력적이었기 때문이다. 그는 이런 말을 남겼다.

'인생에서 딱 한 번 안타까웠던 적이 있습니다. 그것은 어른이 되어버린 것입니다.'

ADHD 유형의 많은 사람들처럼 그도 언제까지고 천진난만한 어린아이의 마음을 잊지 않았다. 그런 그에게 욕심 많은 어른들의 세계는 그리 살고 싶은 곳이 아니었을지도 모른다.

생텍쥐페리는 이성 운이 없었다. 처음에 결혼을 약속한 루이즈 드 빌모랭에게는 파혼을 당했고, 아내가 된 콘수엘로는 낭비벽이 심하고 그리 성실한 여자는 아니었다. 그는 서서히 아내에게 무관심해졌고, 사고의 후유증으로 생긴 목, 허리, 어깨 등 전신 통증에서 도망치기 위해 점점 알코올에 의존했다. 만년에는 조국을 위해 죽고 싶다고 입버릇처럼 말하며 다시 한 번 비행기에 타는 것을 유일한 희망으로 간직하며 살았다. 그는 어쩌면 인간 알레르기에서 도망치려고 푸른 하늘을 동경했던 것인지도 모른다.

생텍쥐페리는 몇 번이나 목숨을 건질 정도로 운이 좋았지만 2차 세계대전 중에 지중해 상공에서 교신이 끊긴 채 다시는 돌아오지 못했다.

{ 4장 }
"아무래도 싫은데 어쩌라고!"
인간 알레르기와 애착 시스템

나 는 왜 저 인 간 이 싫 을 까 ?

3장에서 애착이 인간 알레르기를 억제한다는 사실과 인간 알레르기인 사람들 중에서 애착 장애를 갖고 있는 사람이 많다는 사실에 대해 이야기한 바 있다. 애착은 '면역관용'과 흡사한 부분이 많다. 자기 자신이나 태어날 때부터 몸 안에 있던 것에는 면역관용이 생겨나 이물질로 제거하려는 면역 반응이 억제되듯이, 어린 시절 양육자와 안정된 애착 관계를 형성한 사람은 있는 그대로의 자신을 받아들일 뿐만 아니라 버팀목이 돼주는 동료를 가족으로 받아들인다. 한편 자신한테 해를 끼치는 두려운 존재에게는 적절한 거리를 두거나 공격을 가할 수도 있다.

그런데 불안정한 애착 성향을 가진 사람은 자신에게 필요한 사람이나 도움을 주는 사람에게도 다가가는 것을 거부하거나 공격을 가하고 만다. 그런가 하면 위험한 존재에게 선뜻 다가가거나 의지해버리는 경우도 있다. 또한 자신을 부정적으로 생각하고, 자신에게 위화감을 느끼며 때로는 스스로를 공격하여 파괴하려는 경우도 있다.

애착 형성의 임계기인 한 살 중반까지 양육자와의 사이에서 안정된 애착 관계를 형성하지 못하거나 일단 형성했다 해도 애착 대상이 사라지고 양육자가 '안전 기지'로서 기능하지 못하면 애착 장애가 발생한다. 그 결과 불안정한 애착 성향이 생기는데, 적절한 조치를 취하지 않으면 어른이 되어서도 마찬가지이다.

이번 장에서는 인간 알레르기를 유발하는 핵심 키워드인 '애착 장애'에 대해 좀 더 깊이 이해해보고자 한다.

I 애착 시스템을 발견하다

당근과 채찍으로 인격을 형성할 수 있을까?

일찍이 정신의학에 커다란 영향력을 끼친 양대 세력, 즉 정신분석학이나 행동심리학도 어머니와 아이의 유대감은 모유나 보살핌에 의해 이차적으로 발생한다고 보았다. 양쪽 모두 어머니의 역할은 어머니가 아니어도 수행할 수 있으며, 오히려 어머니의 '무조건적인 애정'은 아이에게 해가 된다고 여겼다. 행동심리학에서는 어머니보다는 합리적이고 이상적인 양육법이 중요하며, 이것이 좀 더 우수한 아이를 길러낼 수 있다고까지 단언했다.

행동심리학의 시조인 존 왓슨(John Broadus Watson, 1878~1958)은 가까운 미래에 어린이를 부모의 부정적인 영향으로부터 떼어놓고 '유아 농장(baby farm)', 즉 어린이집에서 키울 날이 올 거라 말하며, 운다고 금방 안아주거나 달래주는 것은 어리석음의 극치이고 강한 아이로 키우기 위해 당근(보수)과 채찍(벌)을 적절히 이용하라고 강조했다.

그것을 '실증'하기 위해 왓슨은 악명 높은 '앨버트 실험'을 했다. 생후 11개월 된 아기 앨버트에게 한 마리의 쥐를 보여주자 아기는 얼굴을 빛내며 손을 뻗으려 했다. 그때 귓가에 매단 철봉을 망치로 두들겨 불쾌한 소리를 내자 아기는 놀라서 울음을 터뜨렸다. 같은 자극을 몇 번인가 반복하니 쥐를 보여주는 것만으로도 아이는 무서워하며 울음을 터뜨렸다. 조건화된 자극에 의해 쥐를 무서워하게 된 것이다.

같은 방법을 사용하면 인간의 행동을 쉽게 통제하거나 바꿀 수 있고. 인격마저 마음대로 만들어낼 수 있다는 게 왓슨의 주장이다.

실제로 행동심리학의 영향을 받은 양육법과 보육법은 미국에 널리 퍼졌고 일본에도 영향을 미쳤다. 아직까지도 약간 고루한 전문가나 교육자들은 이런 사고방식을 매우 신봉한다.

현실에서는 '이상적인 자녀 교육'을 목표로 한 '사회 실험'도 했다. 그 대표적인 사례가 이스라엘의 집단 농장(키부츠)인 '어린이집'에서 했던 육아법이다. 어린아이는 신생아기를 지나면 어머니와 헤어져 육아 전문가의 보살핌을 받는다. 전문가가 밤낮으로 돌봐주니 자립심이 강하고 우수한 아이가 되리라 기대했지만 현실은 그렇지 않았다. 이미 유아기부터 정서 불안과 대인 관계의 문제가 현저하게 나타났는데, 그런 성향은 어른이 되어서도 계속됐다. 특히 밤에도 부모와 떨어져 전문가의 보살핌을 받고 자란 아이들에게는 이런 문제가 더욱 두드러지게 나타났다. 이 육아법은 누가 봐도 실패했다는 것이 명백했으므로 서서히 방식을 수정하여 어린이집에서 보살피는 경우에도 밤에는 집에서 부모와 지내도록 개선했다.

어머니의 공감에 주목한 위니콧

키부츠의 무참한 실패가 전해지기 전부터 정신분석학과 행동심리학의 정설에 의문을 갖고, 어머니와의 관계가 얼마나 중요한지 눈치챈 사람들이 있었다. 그 선구자는 앞에서 소개한 서티이며, 위니콧(D. W. Winnicott, 1896~1971)과 볼비가 본격적으로 연구했다. 모두 영국인인데 정신분석학이나 행동심리학이 미국만큼 영국에는 널리 퍼져 있지 않았던 것도 큰 영향을 미쳤을 것이다.

위니콧과 볼비는 둘 다 정신분석을 배운 의사였고, 어린아이의 문제에 관여했던 경험이 있었다. 당시에는 세계대전이 한창일 때라 전쟁의 재난을 피하기 위해 아이들만 따로 모아두는 경우가 많았는데, 그곳에서 이런저런 문제가 생겼다. 아이들이 사는 숙박 시설에서 상담역을 맡았던 위니콧은 심각한 문제를 일으키는 아이의 경우, 부모와의 관계가 원만하지 않고, 어린 시절에 애정 결핍이었다는 사실을 깨달았다.

위니콧은 그 후 문제를 일으키는 아이들뿐만 아니라 만성적인 우울증이나 자기 부정으로 고민하는 어른들도 유아기에 어머니의 사랑을 받지 못했다는 사실을 알아냈다. 그리고 안정된 자아가 발달하기 위해서는 유아기에 어머니가 아이의 욕구에 최우선으로 공감해주고 반응해주는 일이 꼭 필요하다고 생각했다. 어머니의 그런 헌신을 '모성적 몰입'이라고 불렀다. 또한 어머니가 갓

난아기를 안아주는 것을 '홀딩'이라고 부르며, 아이의 심신 발달과 안정에 필요하다고 생각했다. 이 두 가지가 모두 충분히 제공되지 않을 때 아이는 확실한 안도감이나 '진정한 자기'를 형성하지 못한 채 '거짓 자기'로 괴로워한다는 것이다.

당시 이런 이론을 발표하는 데는 상당한 용기가 필요했고, 위니콧 개인적으로도 힘든 일이었다. 왜냐하면 그의 스승이었던 멜라니 클라인은 프로이트의 정신분석을 아이에게도 그대로 적용했으며 아이가 마음속에 품은 공상을 현실 속 어머니와의 관계 이상으로 중시했기 때문이다. 클라인은 위니콧의 논문을 돕는 한편 자기 딸을 분석해달라고 맡기는 등 그를 깊이 신뢰했다. 하지만 위니콧은 자신의 신념을 헛된 것으로 만들지 않았다.

어머니와 아이, 그 관계의 열쇠

한편 볼비의 첫 논문은 절도를 저지른 비행 소년에 대한 것이었다. 스물네 명의 절도 소년은 모두 어머니의 부재와 심각한 애정 부족을 경험했다는 사실에 직면해 어머니 역할의 중요성에 착안하기 시작했다. 그의 착안이 확신으로 바뀐 것은 전쟁고아와 보호 아동에 대한 연구를 통해서였다. 어머니를 잃은 아이들은 더딘 성장, 정서 불안, 행동 장애 등 심각한 문제를 드러냈다.

볼비는 오랫동안 축적한 사실을 기초로 모성애의 박탈이 아이에게 심각한 영향을 끼친다고 보고했다. 하지만 정신분석학이나 행동심리학의 정설에서 크게 벗어난 그의 연구 결과는 비웃음과 비판을 샀다. 그 당시에는 어머니의 부재와 상실이 원인이 아니라 단순히 보살핌이나 보호가 부족한 결과라는 견해가 더 우세했던 것이다.

이런 비판을 받자 볼비는 어머니와의 관계가 다른 양육자의 보살핌과는 다른 특별한 요소가 있다는 사실을 좀 더 과학적으로 뒷받침할 필요성을 느꼈다. 그러던 중 그는 새끼를 키우고 사회성을 갖춘 동물의 세계에서는 공통적으로 어미와 새끼가 강한 유대감을 갖고 있다는 사실에 주목했다. 그는 이 생물학적인 시스템을 애착(attachment)이라고 명명했다.

그렇다면 과연 어머니와 아이 사이에는 영양과 보호 외에 어떤 비밀스런 작용이 일어나고 있는 것일까? 이 문제에 결정적인 돌파구를 마련한 것이 미국의 심리학자 해리 할로이다.

애착 시스템의 비밀을 풀다

할로는 실험심리학의 젊은 연구자였지만 당시 유행하던 동물 실험을 하기에는 너무 가난했다. 대학에서 일자리를 얻었지만 만족스러운 실험실도, 실험용 동물을 살 자금도 타내지 못했다. 게다가 그 당시 실험동물은 상당히 비쌌다. 그래서 그는 직접 키우면 되지 않을까 하는 무모한 생각을 하게 되는데 그 때문에 의외의 발견을 하게 된다. 할로는 학생들과 갓 태어난 원숭이를 키우기 시작했다. 전염병을 가장 우려했던 할로는 새끼 원숭이를 각각의 우리에서 한 마리씩 키웠다. 충분한 영양을 공급받고, 전염병으로부터도 보호를 받은 원숭이는 건강하게 자랐다. 하지만 새끼 원숭이들은 분명 뭔가가 이상했다. 새끼 원숭이다운 생기나 호기심이 결여된 채 그저 우울하게 멍하니 앉아 있었던 것이다. 그들은 먼 곳을 바라보며 몸을 흔들거나 엄지손가락을 빠는 행위를 반복했다. 성장한 새끼 원숭이를 다른 원숭이와 함께 지내게 하자 그들은 강한 불안감과 거부 반응을 보였다.

도대체 뭣 때문에 그랬을까?

이 문제를 푸는 최초의 실마리가 된 것은 새끼 원숭이들이 보인 기묘한 행동이었다. 바닥에는 냉기를 없애기 위해 면 기저귀를 깔아놓았는데, 새끼 원숭이들은 이 면 기저귀에 이상하리만치 집착했다. 꼭 끌어안고 놓지 않으려 하거나 온몸에 둘둘 말기도 했다. 새끼 원숭이를 번쩍 안아 올려도 놓지 않을 정도였기 때문에 세탁을 해야 할 때에는 통째로 잡아당겨야만 했다. 이 광경을 반복해서 목격한 할로는 면 기저귀가 어머니의 역할을 대신하고 있는 게 아닐까 하고 추측한다.

그리고 그는 이제는 유명해진 그 실험에 대한 발상을 하게 된다. 그는 두 종류의 어미 원숭이 인형을 만들었다. 하나는 온몸에 바늘이 삐죽삐죽 꽂혀 있었지만 우유병을 갖고 있었고, 또 하나는 우유병은 없지만 부드러운 천을 두르고 있었다. 어미와 새끼의 관계는 포유(哺乳)에 의한 것이라 생각하던 기존의 이론에 따르면 새끼 원숭이는 우유병을 든 어미 원숭이 인형에게 애착을 보이고 거기에 머무는 시간이 길어야 했다.

그런데 실제로 실험을 시작해보니 새끼 원숭이들은 부드러운 천을 두른 인형 곁에서 압도적으로 오랜 시간 머물렀다. 그뿐만 아니라 우리를 청소하기 위해 인형을 아주 잠시 치운 것만으로도 패닉 상태에 빠져 인형을 찾아 헤맸다. 뭔가에 겁먹었을 때는 곧바로 그 인형에게 달려들어 안겼다.

그와는 대조적으로 아무리 포유 기능을 갖추었다 해도 뾰족한 바늘의 어미 원숭이 인형에 새끼 원숭이들은 아무런 관심이 없었다. 애착은 젖을 주는 기능이 아니라 부드러운 신체적 접촉을 통해 형성된다는 사실을 확실히 알게 된 것이다.

게다가 더욱 흥미진진한 일이 벌어졌다. 처음에는 밋밋했던 어미 원숭이 인형의 얼굴에 나중에 눈과 코를 만들어주었는데, 의외의 반응이 나왔다. 그걸 본 새끼 원숭이가 꺅 하고 비명을 지르며 거부 반응을 보였던 것이다. 새끼 원숭이는 잠시 후 안기기는 했지만 고개를 백팔십도 돌리거나 어미 원숭이 얼굴과 뒤통수(즉 기존의 얼굴처럼 밋밋한 쪽)를 뒤바꿔버렸다. 몇 번이나 다시 고개를 돌려놓아도 새끼 원숭이는 똑같은 행동을 반복했다.

새끼 원숭이에게는 처음 어머니로 인정한 존재와 똑같은 모습인 게 중요했던 것이다. 이는 애착이란 특정 존재에 형성되는 유대감이라는 볼비의 학설을 강력하게 뒷받침해주는 사실이라 할 수 있다.

그리고 이런 모습도 관찰할 수 있었다. 우리를 청소하는 동안 어미 원숭이 인형을 밖으로 내놓으니 새끼 원숭이는 어떻게든 어미 원숭이의 모습을 보려고 필사적으로 행동했다. 창문에는 퍼즐을 풀면 문이 열리는 장치를 설치해두었는데, 새끼 원숭이는 어미 원숭이를 애절하게 바라보더니 퍼즐을 풀기 위해 안간힘을 썼다. 참으로 안타까운 광경이었다. 새끼 원숭이는 설령 인형이라 해도 부드러운 보금자리를 제공한 존재에게 계속 집착했다. 이것이야말로 애착이 아니고 무엇이겠는가.

할로는 볼비가 주장했던 이론을 원숭이 실험을 통해 입증한 셈이다. 새끼 원숭이를 어미 원숭이에게 애착하게 만든 원동력은 영양 이상으로 포옹이나 안도감이었다. 하지만 사실 모성의 본질은 그것만이 아닐 것이다. 뾰족한 바늘의 어미 원숭이 인형 밑에서 자란 새끼 원숭이는 정상적으로 자라지 못했지만, 천으로 된 어미 원숭이 인형 밑에서 자란 새끼 원숭이도 분명히 이상 증세를 보였다.

전자의 경우에는 몹시 심하게 몸을 흔들거나 자신을 깨무는 자해와 정형행동(定型行動, 단조롭게 같은 동작을 반복하는 것)을 반복했다. 그리고 후자의 경우에는 몇 시간이고 계속해서 기묘하게 뒤틀린 자세로 앉아 있거나 우리 한구석에 웅크려 있으면서 아무것도 지각하지 못하는 듯 행동했다. 바깥 세계에 대한 무관심은, 다른 원숭이와 함께 있을 때 비사회성이나 다른 존재에 대한 강한 불만으로 드러났다.

방치된 아이의 미래

이 상태와 유사한 경우가 인간의 아이에게도 나타난다고 이미 보고됐다. 빈에서 태어나 나치의 박해로부터 도망쳐 미국에서 활약한 정신과 의사 르네 스피츠(Rene Spitz, 1887~1974)는 어머니와 떨어져 시설에서 생활한 유아들의 괴이한 모습을 영상으로 기록해 보고했다. 영상에는 자신의 세계에 틀어박혀 멍하니 허공만 바라본 채 계속 몸을 흔드는 아이와 침대 위에서 가만히 웅크린 채 움직이지도 않고 건드려도 아무런 반응도 하지 않는 아이의 모습이 담겨 있었다. 자해를 반복하는 아이나 음식 섭취량이 적어 비쩍 마른 채 발육이 멈춰버린 아이도 드물지 않았다.

공교롭게도 시설이 잘 정비된 유아원보다 교도소의 육아실에서 자란 아이들이 훨씬 더 건강했고 발달 면에서도 문제가 적었다. 그 차이를 만든 것은 단 하나, 교도소의 육아실에서는 어머니가 아이를 돌본다는 점이었다. 한편 어머니를 잃고 유아원에서 자란 아이들은 충분한 영양을 공급받고, 위생적인 환경에서 관리를 받았어도 3분의 1 이상이 만 두 살을 넘기지 못하고 사망했다. 마치 어머니를 잃은 게 살아갈 의욕을 잃은 것과 마찬가지라는 것을 말해주는 듯하다.

설령 이 가혹한 시련을 견뎌내고 살아남았다 해도 아이들은 더욱 심각한 장애를 갖게 되었다. 영국의 정신과 의사 마이클 러터(Michael Rutter, 1933~)는 연구를 통해 이 사실을 밝혀냈다.

볼비 연구의 발단은 2차 세계대전이었지만, 러터의 경우에는 베를린 장벽의 붕괴였다. 그 역사적 사건의 여파로 루마니아의 차우셰스쿠 정권이 붕괴한 이후 국가적인 혼란 사태가 일어났고 수많은 고아들이 생겨났다. 보육원에 가득 들어찬 고아들 중 일부는 영국으로 입양되었는데 그들은 분명히 심각한 문제를 안고 있었다.

러터는, 루마니아에서 태어나 고아가 되었고 보육원에서 생후 6개월 이상을 보내고 나서 영국의 가정으로 입양된 아이들과 영국에서 태어나 6개월 이내에 타 가정에 입양된 아이들을 비교하는 동시에 그 후의 성장 과정을 10년 넘게 추적했다.

그 결과 루마니아 출신 고아들에게 심각한 문제가 있다는 것이 밝혀졌다. 이들은 애착 성향이 불안정할 뿐만 아니라 과다 활동에 부주의하거나 지능 발달도 좋지 않았다. 게다가 타인과 상호 관계를 형성하지 못한 채 자신의 세계에 틀어박히거나 정형 행동 같은 자폐증과 똑같은 증상을 보인 사례가 12퍼센트나 됐다. 그에 비해 영국에서 태어나 6개월 이내에 입양된 아이들 중에서 그런 사례는 전혀 발견할 수 없었던 것이다.

관계의 비밀은 응답성

보육원 직원들이 열심히 아이들을 보살펴도 어머니를 대신하지는 못했다. 보육원 양육의 가장 큰 문제는 보살피는 사람이 교체된다는 것이다. 여덟 시간 주기로 교체될 뿐만 아니라 직원들이 전근하거나 직책이 바뀌는 일도 빈번하다. 한 사람의 어머니가 하루 종일 돌보는 것과는 결정적인 차이점이다.

그런데 애착 이론을 연구했던 사람들은 어머니와의 유대는 늘 옆에 있는 것이나 수유, 스킨십 등으로 강해지지만 그것조차도 뛰어넘는 현상임을 밝혀냈다. 이를테면 볼비의 공동 연구자이기도 했던 메리 에인즈워스(Mary ainsworth, 1913~1999)가 우간다 마을에서 양육 과정을 관찰한 결과, 수유와 스킨십을 몇몇의 부인들이 함께 했는데도 아이는 특정 존재인 어머니한테만 특별한 유대감과 안도감을 표현했다. 즉 늘 옆에 있고, 수유나 포옹을 하는 행위가 어머니를 대신하는 것은 아니었다. 그럼 도대체 아이는 어머니의 무엇에 반응해서 특별한 보호자로 여기는 걸까?

에인즈워스는 어머니와 그 외 존재와의 관계를 관찰하는 동안, 이 둘을 구별하는 결정적인 요소는 응답성의 차이라는 점을 알아냈다. 어머니는 끊임없이 아이의 울음소리나 표정을 신경 쓰며 조금이라도 아이에게 변화가 생기면 안아주거나 달래주었다. 다른 어른들은 일반적인 기준으로 보면 분명 친절하고 따뜻한 존재였지만 하루 종일 아이의 모습을 살펴보거나 작은 변화가 생기면 곧바로 손을 뻗어 요구에 응해주는 것까지는 기대할 수 없었다.

그런 의미에서 보면 천으로 된 어미 원숭이 인형도 실격이었다. 기분 좋은 보금자리는 제공했지만 꼭 안아주는 일도, 털 고르기를 해주는 일도, 같이 쳐다봐주는 일도, 말을 걸어주는 일도, 흔들어주는 일도 없었으니 말이다.

그래서 또 한 가지 실험을 실시했다. 어미 원숭이 인형을 천장에 실로 매달아 흔들리게 만든 것이다. 새끼 원숭이가 움직이면 어미 원숭이도 움직였다. 새끼 원숭이가 격렬하게 움직이면 어미 원숭이도 격렬하게 움직였다. 그러자 단지 그 장치만으로도 끊임없이 몸을 흔들거나 자해를 하는 일도, 무관심과 무반응 상태에서 몸을 웅크리고 있는 일도 사라졌다. 새끼 원숭이들은 기묘한 행동을 하지 않았고, 안정됐을 뿐만 아니라 활발하게 돌아다녀서 지적 호기심이나 신경계의 발달도 눈에 띄게 좋아졌다.

진짜 어미 원숭이는 좀 더 다양한 형태로 새끼에게 반응한다. 그래서 어미 개와 여섯 마리의 새끼 원숭이를 한 우리 안에서 키우는 실험도 했다. 어미 개는 어미 원숭이만큼 지극히 보살필 수는 없었지만, 어미 원숭이 인형과 함께 자랐을 때보다 새끼 원숭이의 발달은 훨씬 더 좋아졌다. 특히 바깥 세계에 대한 흥미와 사회성 발달에 효과가 있었다.

활발한 응답성이 애착 형성을 촉진한다는 것은 인간의 아이를 통해서도 증명했다. 어머니가 편안한 보금자리가 되어줄 뿐만 아니라 바로 응답하거나 보살펴주면 아이는 자신을 지켜봐준다는 데에 안심한다. 이런 안심을 통해 어머니와 애착 관계를 형성했을 때, 아이는 어머니를 안전 기지로 삼고 바깥 세계에 적극적으로 관심을 보이며 성장할 수 있다.

Ⅱ 인간 알레르기의 영향

불안정한 애착 성향의 유형

애착 장애는 부모에게 버림받거나 학대당하는 등 예외적인 경우에 나타나는 것으로, 전체적으로 보면 드문 현상이라고 오랫동안 생각했다. 그런데 연구를 진행하자 유아의 3분의 1은 어머니에게 불안정한 애착 성향만 보인다는 사실을 알게 되었다. 게다가 전체의 10퍼센트에 가까운 유아, 특히 학대당한 아이는 특유의 혼란스러운 애착 성향을 보였다. 그리고 불안정한 애착 성향을 보이는 아이의 비율은 근대 사회일수록 높았다.

앞에서도 언급했지만 불안정한 애착 성향에는 크게 두 가지 유형이 있는데 여기에서 파생된 유형도 많다. 어머니가 있든 없든 무관심한 '회피형', 어머니가 없으면 극도로 불안해하고 다시 만나도 순수하게 기뻐하지 못하며 스킨십을 거부하거나 분노를 터뜨리는 '불안형(저항/양가형)'이 그것이다. 그리고 두 가지 유형이 마구 뒤섞인 '혼란형(공포회피형)'도 있다.

혼란형 아이의 성장 배경을 살펴보면 학대당한 경우가 많은데, 그들은 유아기에서 아동기로 접어들 무렵부터 부모를 조종하는 통제형 애착 성향을 갖게 된다. 예측할 수 없는 비상사태에 꼼짝없이 당하다가 그 징조를 눈치채게 되면서부터 그것을 피하기 위해 부모의 비위를 맞추거나 거꾸로 애를 먹여서 부모를 조종하려 드는 것이다.

회피형, 불안형, 그리고 혼란형에서 발전한 통제형. 어떤 유형이 되는가는 유전적 요인도 영향을 미치지만 당연히 환경적 요인의 영향이 더 크다. 유아기부터 아동기에 보이는 불안정한 애착 성향은 그 후 특유의 편견을 가진 대인 관계 유형으로 분화한다. 다른 환경이나 경험의 영향으로 인간 알레르기로 발전하기도 하고, 안정형 애착 성향으로 바뀌기도 한다.

이제부터는 애착 장애의 각 유형에 인간 알레르기가 어떤 영향을 미치는지, 그 형성 과정과 함께 살펴보고자 한다.

상처받은 자의 종착역, 탈애착

애착이 어느 정도 형성된 시점에서 어머니가 없으면 아이는 어머니를 찾아 울부짖거나 찾아 헤맨다. 며칠을 찾아 헤매도 어머니가 돌아오지 않으면 아이는 우울해지며 주변 사람들한테 등을 돌리고, 자신의 세계에 틀어박히려 한다. 식욕은 떨어지고 어떤 일에도 무관심해지며 다른 사람의 위로에도 반응하지 않는다.

그 상태가 잠시 지속되면 아이는 살아남기 위해 어머니에 대한 애착을 애써 잊으려고 한다. 그러면 어느 정도 강한 집착은 사라지고, 설령 어머니가 다시 나타나도 관심을 보이지 않는다. 이 것이 탈애착(脫愛着) 단계이다. 탈애착으로 생긴 마음의 상처는 회피형 애착 성향을 만드는 중요한 요인 중 하나이다.

어머니와 이별하는 것은 생존마저 위협하는 중대사이다. 애착 때문에 그런 고통을 맛봐야 했다면 그가 또다시 누군가를 간절 히 원하는 일을 겁낸다 해도 그를 탓할 수는 없을 것이다.

하지만 이별을 통해 탈애착을 겪어도 다른 양육자가 그 상처 를 충분히 보듬어주면 안정형 애착 성향을 보일 수도 있다. 물론 그러지 못하면 불안형 애착 성향으로 발전하기도 한다. 어느 쪽 으로 발전하든 유전적 요인과도 관계가 있다. 양육자와 이별하지 않아도 성격이 과민한 경우, 어머니가 아이의 감정이나 표정에 제대로 응답해주지 않으면 아이는 회피형 애착 성향을 갖게 될 확률이 매우 높다. 이들은 상대방의 반응을 기대하지 않고 주변 에도 무관심하다. 그리고 자신도 상대에게 반응이나 응답을 하지 않는다. 반대로 성격이 과민해도 어머니가 응답을 잘해주면 안정 형 애착 성향을 보인다.

회피형인 사람이 타인에게 그다지 애착을 느끼지 않는 이유는 탈애착의 고통 때문일 수도, 반응이 부족한 부모에게 '적응'한 결 과일 수도 있다. 이 유형의 사람은 애초에 타인과 어울리는 걸 좋 아하지 않으며 누군가 다가오는 걸 불편하게 생각한다. 적정한 거리를 둠으로써 자신의 세계를 지키려 한다. 그 때문에 혼자 고립되기 쉽지만 누군가에게 상처받는 불쾌한 체험을 하면 더욱 회피적 성향이 강해져 친밀한 관계를 피하는 행동을 한다. 자신이 상처받지 않기 위해 감정을 공유하는 것을 체념하고 마음을 굳게 닫거나 차갑게 행동한다. 사교적으로 행동하는 경우에도 진심으로 마음을 털어놓거나 믿을 만한 관계를 맺는 걸 어려워한다. 그래서 활동성이 높고 성적 활동도 왕성한 시기를 지나면 서서히 고립되기 십상이다.

철학자나 작가 중에는 기본적으로 회피형 애착 성향을 가진 사람, 인간 알레르기인 사람이 적잖이 있다.

작가란 직업은 사회에서 가장 살기 힘든 이 유형의 사람들에게 보금자리를 제공하는 몇 안 되는 직업이라 할 수 있다. 나쓰메 소세키(夏目漱石, 1867~1916, 『도련님』이란 소설로 유명한 일본의 소설가 - 옮긴이)는 태어나자마자 어느 집의 양아들로 보내졌다가 다시 돌아왔는데, 한 살 반 때 또다시 다른 집의 양아들로 보내져 일곱 살 때까지 그곳에서 살았다. 양부모의 사이가 악화되어 어쩔 수 없이 집으로 돌아왔지만 애물단지 취급을 하는 친부모에게 정을 느끼지 못했다. 양가와 본가 사이에서 호적을 되찾는 문제로 분쟁까지 일어나 소세키는 주눅이 든 채 성장할 수밖에 없었다. 또 아쿠타가와 류노스케(芥川龍之介, 1892~1927, 『라쇼몽』 등을 쓴 일본의 소설가 - 옮긴이)는 생후 7개월 만에 어머니가 정신병을 앓아 삼촌 밑에서 자랐다. 어머니에 대해서는 '어머니다운 친밀함을 느껴본 적이 없다'고 서술했듯 애착 관계 같은 건 전혀 없었던 듯하다.

이 두 사람은 평생 고독감에 사로잡혔고 자기 부정에 시달렸다. 타인의 악의에 민감하게 반응했고, 대인 관계의 번잡스러움 때문에 애태운 적도 많았다. 둘 다 막연한 불안감과 정신병적 증상에 고통스러워했다.

소세키는 아내와 자식에게 완전히 무관심했고 심사가 뒤틀리면 고래고래 소리를 지르며 야단치는 사람이었다. 영어 교사이던 시절의 사진을 보면 그 얼굴이 기분 나쁠 정도로 무표정이다.

아쿠타가와는 자식이 태어났을 때 '무엇을 위해 이 아이는 태어났을까?'라고 작품에 묘사했다. 자신의 존재마저 위태롭다고 느끼는데 아이를 진심으로 사랑하고 그 존재를 무조건적으로 긍정하는 게 가당키나 할까.

【해리 할로, 심리학자가 될 수밖에 없었던 그의 운명】

해리 할로는 애착이라는 개념을 과학적으로 증명하는 데 큰 공헌을 했지만 그도 인간을 싫어하는 구석이 있는 회피형 인간이었다. 실제로 그도 애정 생활에서 고난과 비애를 맛보았다. 서툴고 고집 센 성격 때문에 사람들과 마찰도 많아서 술에 의존하기도 했다.

그가 회피형 인간이 된 배경에는 어린 시절의 체험이 관련되어 있다. 단적으로 말하자면 할로는 부모에게 충분한 사랑을 받지 못했다. 네 형제 중 셋째라는 위치는 원래 그다지 눈에 띄지 않지만 거기에 못을 박듯이 할로가 세 살 때 둘째 형인 델마가 척추카리에스(spinal caries, 결핵성척추염, 결핵균에 감염되어 척추가 둥글게 굽고 고름이 생기는 병 – 옮긴이)에 걸려 부모의 신경은 온통 형에게 쏠려 있었다.

할로는 훗날 부모를 이상화하여 말하는 한편 일말의 불안과 슬픔을 서술하기도 했다. 어머니의 애정을 일정 부분 빼앗김으로써 자신은 '고독한 어른'이 되었다고 말이다. 부모의 생활 방식도 영향을 끼쳤을 것이다. 그의 부모는 기독교의 소수파 종교에 속해 있었기 때문에 마을에서도 고립되어 있었다. 타인과 교류하기보다 자식들의 교육에 더 힘을 쏟아 가난한 생활 속에서도 네 형제 모두를 대학에 보냈다. 장남인 로버트는 훗날 정신과 의사가, 할로는 심리학자가 되었다.

정상적인 가정을 꾸리지 못한 채 일에서 쉴 곳을 찾았던 할로가 애정의 메커니즘에 대해 연구한 것은 필연이었거나 운명의 장난이 아니었을까. 아마도 전자였을 것이다.

불안형 애착 성향 ①
사랑과 증오의 딜레마

불안형 애착 성향이 생겨나는 환경적 요인으로는 부모의 양가적인 양육 태도, 양육자의 일시적인 교체, 아버지의 보살핌 부족 등을 꼽을 수 있다. 양가적인 태도란 귀여워할 때와 밀쳐낼 때의 감정의 차이가 큰 양육 방식을 말한다. 양육자의 일시적인 교체는 어머니가 일하러 나가거나 입원 등의 사정으로 할머니나 할아버지에게 맡겨진 경우가 전형적이다. 그리고 잘 자라던 아이가 갑자기 어린이집에 맡겨진 경우도 이에 해당한다. 같은 상황에서도 원래 애착이 약했다면 회피형이 강해지기 쉽다.

불안형 애착 성향인 사람은 어느 시점까지는 애착 관계가 형성되는데, 갑자기 그것을 박탈당하면 어떻게든 꼭 부여잡으려 한다. 이대로 헤어지면 두 번 다시 만날 수 없을 것 같은 공포를 느껴 울부짖으며 자신을 놓고 가버린 존재에게 분노를 느낀다. 그런 상처받은 기억을 안고 있기 때문에 의존할 수 있는 사람이 있어도 그가 자신만 내버려두고 사라지지나 않을까 하는 불안에 시달리는 동시에 분노를 느끼고 만다. 가장 필요로 하는 사람을 믿지 못하고 공격하는 딜레마를 안게 되는 것이다.

이렇듯 타인에게 의존하는 성질과 공격하는 성질이 공존하기 때문에 양가형이라고도 부른다. 애착의 시스템을 이해하지 않으면 왜 이런 모순된 반응이 나오는지 이해하기 힘들다.

〔둔감한 남편, 바라는 게 많은 아내〕

마사오 씨(가명)는 진지한 성격으로 자영업을 하는 남자다. 어느 날 집에 돌아오니 아내인 구미 씨(가명)의 얼굴빛이 좋지 않았다. 그가 "무슨 일 있어?" 하고 걱정스럽게 묻자, 아내는 그 말에 더욱 화가 난다는 듯이 "당신은 꼭 말을 해야 알아?" 하고 격한 말투로 대꾸했다.

"뭐야, 그 말투는. 말을 안 해주는데 내가 어떻게 알아?" 하고 자신도 모르게 반박하자 아내는 남편의 반격을 기다리고 있었다는 듯이 평소의 불만을 털어놓으며 남편을 욕하기 시작했다. 마사오 씨는 이성을 잃고 아내에게 불만을 터뜨렸다. 평소와 다름없는 부부 싸움이었다.

이런 식으로 며칠이나 냉전 상태가 지속되는 일이 지난 2~3년 동안 반복됐다. 마사오 씨는 대꾸하면 괜한 분란만 자초한다는 것을 알면서도 구미 씨가 자신의 약점을 꼬집자 저도 모르게 참지 못하고 싸움을 시작하게 된 것이다.

결혼한 지 십여 년. 연애결혼으로 맺어진 두 사람은 처음에는 사이가 무척 좋았고, 궁합도 잘 맞는다고 생각했다. 약간 신경질적이지만 섬세한 데까지 마음을 쓰는 구미 씨는, 사람 좋고 무던한 장남

스타일의 마사오 씨에게 부족한 것을 채워주는 존재였다. 구미 씨의 지적이 도움이 됐던 적도 한두 번이 아니다. 다만 마사오 씨 입장에서 보면 구미 씨는 지나치게 걱정이 많았고, 그녀의 조언이 괜한 참견이라고 생각될 때가 많았다.

한편 구미 씨는 남편이 자신의 고생을 전혀 알아주지 않고, 자신의 기분을 가볍게 생각한다고 느꼈다. 남편이 매사에 너무나 둔감하다고 생각해 최근에는 그의 말 한 마디 한 마디가 다 짜증이 나고 혐오스럽기까지 했다.

차라리 헤어지는 편이 좋지 않을까 하는 고민도 했지만 막상 이혼한다고 생각하니 불안해지고 현재 생활을 잃는 게 두려워졌다. 냉정히 따져보니 남편에게 많이 의지했고, 남편 없이는 경제적으로나 정신적으로도 살아가기 힘들 것 같았다.

"무슨 일 있어?" 하고 걱정하는 남편의 말에, "당신은 꼭 말을 해야 알아?" 하고 짜증스럽게 대답하는 것은 전형적인 양가형 애착 성향의 반응이다. 배려와 친절을 받고 싶지만 실제로 상대가 배려하면 튕기는 듯한 반응을 하고 만다. 양가적인 반응의 밑바탕에는 좀 더 큰 애정을 바라는 마음이 있다. 그 기분을 충족해주지 않는 데 대한 분노가 상대방을 책망하거나 거부하는 반응으로 나타난다.

구미 씨는 불안정한 가정환경에서 자랐기 때문에 부모에게 사랑받고 있다는 실감을 하지 못했고, 진심으로 속마음을 털어놓을 수 없었다. 그녀는 그런 부모를 대신할 수 있는 있는 이상적인 보호자 역할을 마사오 씨에게서 찾으려 했다. 격식을 중시하는 가정의 장남으로 태어나 애정을 듬뿍 받으며 자란 마사오 씨는, 구미 씨 입장에서 보면 눈부신 존재였다.

하지만 겉보기에는 안정된 가정을 꾸렸어도 그녀는 자신의 마음이 사실은 충족되지 않았다는 것을 깨달았다. 마사오 씨에게 완벽한 남편의 역할을 지나치게 요구하고, 조금이라도 기대에 어긋나면 분노를 느끼고 책망했다. 그러자 마사오 씨가 상징하던 가풍이나 격식 같은 것이 오히려 무거운 짐으로 다가왔고, 더욱이 그의 무능력과 약점이 눈에 들어왔다.

불안형 애착 성향 ②
불평불만만 늘어놓는 부모

불안형 애착 성향인 사람은 타인을 순순히 긍정하지 못하고 흠을 잡아 비판하거나 험담하는 경향이 있다. 부모의 그런 모습을 보고 자란 경우도 많다.

【유일한 커뮤니케이션은 험담】

전문직에 종사하는 미치요 씨(가명)는 마흔 살인데, 여자 직장 동료가 냉담한 태도를 보여서 고민하는 중이다. 다른 사람한테는 친절하고 애교도 부리는 모양인데 유난히 미치요 씨한테만 말도 걸지 않고 퉁명스럽다.

예전 직장에서 6년을 버틴 후 1년 전에 현재 직장으로 옮겼다. 자신의 전문성을 살릴 수 있는 곳이 여기밖에 없어서 출퇴근은 불편했지만 이직한 것이다.

그 동료가 냉담해진 이유는 아마도 출퇴근할 때 차를 이용할지 지하철을 이용할지 고민하다가 일처리를 복잡하게 만들었기 때문인 듯싶다. 미치요 씨는 그 이후 그녀가 신경 쓰여 견딜 수 없었다. 생각해보면 이번뿐만이 아니었다. 예전 직장에서 근무할 때도 소장이나 차장이 갑자기 차가운 태도를 보인 적이 있었다. 일하는 데 문제를 일으킨 적은 없는데 무엇 때문인지 갑자기 태도가 바뀌었다. 미치요 씨도 한 번 싫어지면 끝이 없었다. 그런데 자신이 싫어하면 상대방도 자신을 싫어하는 것 같다.

미치요 씨가 알게 모르게 상대방에게 불쾌한 인상을 주는 점이 없는지 돌이켜보는 동안 몇 가지 특징적인 행동 성향을 발견했다.

하나는 옳은 것에만 집착한다는 점이다. 옳지 않거나 정해진 규칙과 다른 점이 있으면 가만 놔두지 못한다. 일단 신경이 쓰이면 거기에만 사로잡혀 있다. 또 하나는 저도 모르게 비판이나 불만을 입 밖에 낸다는 점이다. 주변 사람은 그런 말은 별로 하지 않는데, 미치요 씨는 제대로 일처리가 되지 않는 것을 보거나 부조리한 장면을 목격하면 가만히 있을 수가 없다.

그러고 보니 그의 어머니도 불평이 많아 늘 투덜거리기만 했다. 그도 어머니에게 옳은 것일까? 그가 어머니에게 그 이야기를 했더니, 그녀는 달리 불평을 털어놓을 상대가 없어서 그랬다고 변명한 적이 있다. 아버지는 폭력, 방치, 학대 같은 행동만 일삼았다. 어머니는 그 불만을 자식들에게 털어놓았던 모양이다. 다른 사람에 대해 이런저런 험담을 하는 것이 부모와 나누는 유일한 커뮤니케이션 수단으로, 칭찬하는 말은 들어본 적이 없다.

미치요 씨는 막내여서 비교적 어리광을 부리며 자랐다. 집단 속에서 성장하지 않았으므로 그 속에 들어가는 게 고통이었다. 어머니와는 자주 다퉜지만 정신적으로 의지했다. 늙어 쪼그라든 어머니를 보면 몹시 슬프다.

몇 번 맞선을 보았지만 모두 마음에 들지 않아서 거절했다. 지난번 맞선 상대는 자신보다 월급이 적어서 거절했다. 솔직히 말해 부모가 집안일을 해주는 지금 생활이 더 편하다. 자신이 상대방을 위해 뭔가를 해줘야 한다고 생각하면 마음이 무겁다.

혼자인 건 싫지 않지만 줄곧 혼자로 살아가는 것은 괴롭다. 근처에 예순 살 정도의 노인이 독신으로 살고 있는데 자신도 저렇게 되는 건가 생각하면 약간 우울하다. 하지만 결혼하고 싶지 않은 마음도 반쯤은 있다.

미치요 씨의 경우 타인을 엄격한 눈으로 바라보기 때문에 부정적인 기분에 쉽게 사로잡혔다. 한편 상대에게 인정받고, 이해받고 싶은 마음이 강했다. 이것은 불안형 애착 성향의 특징이다. 부정적인 상대방의 태도에 화를 내면서도 그가 자신을 이해해주길 바라는 마음은 부모의 눈치를 보며 성장한 사람에게 흔히 나타난다.

미치요 씨에게 그 지점을 지적하며 "그 동료한테 인정받고 싶다거나 친해지고 싶다는 생각을 하지 마세요" 하고 말했다. 본인도 이해했는지 나중에 "그 후로 눈치를 보거나 친해지려고 애쓰는 걸 그만두었어요. 말하지 않아도 된다고 생각하니 무척 마음이 편해지더라고요" 하고 이야기해주었다.

불안형 애착 성향 ③
마음속에 분노의 우물을 파다

애착 관계는 본래 무슨 일이 생겼을 때 자신을 지켜주는 존재와의 유대감이다. 우리는 불안이 강해지거나 위험을 느꼈을 때 애착의 대상에게 의지함으로써 안전을 확보하려 한다. 그에게서 친밀함과 안심, 그리고 애정을 느낀다. 하지만 이것은 애착 관계가 착실하게 형성되고 유지됐을 때의 이야기다.

어느 조사에 따르면 생후 1년 6개월이 된 아이의 약 10퍼센트는 자신을 잠시라도 방치해둔 부모가 돌아오면 친밀함이나 안도의 웃음이 아닌, 분노와 저항으로 반응한다. 고작 몇 분 동안 옆을 떠나 있었을 뿐인데도 그렇다. 며칠 동안 방치되거나 늘 보호받지 못한 채로 어머니를 줄곧 갈구했던 아이는 마음속에 분노의 우물을 파게 된다. 파면 팔수록 미움이 가득해지고 그렇게 되면 부모를 원하는 감정을 억누를 수 있기 때문이다.

불안형 애착 성향의 사람이 다시 방치되거나 상처받으면 갈망하는 마음이 컸던 만큼 격렬한 미움을 드러낼 때가 있다. 인간은 때때로 애착하는 대상을 미워하면서도 그 존재에게 계속 매달린다. 어린 시절부터 그렇게 마음의 균형을 유지한 사람은 평소에는 냉정하고 아무런 문제가 없는 듯 보인다. 그러나 부모를 떠올리는 것만으로 마음이 흔들리며 부정적인 감정이 솟구친다. 냉정함을 잃고 마음을 통제하지 못하며 분노와 증오를 느낀다. 서티가 말한 것처럼 미움이란 좌절한 사랑이며, 사랑의 반대편에 있는 게 아닌 사랑의 또 다른 표현인지도 모른다.

【어머니를 증오한 쇼펜하우어】

철학자 쇼펜하우어(Arthur Schopenhauer, 1788~1860)는 어머니를 평생 동안 증오했던 인물로 유명하다. 여류 작가로 활동했던 어머니는 사교와 예술에는 관심이 있어도 양육에는 무관심하여 아들을 자주 방치했다. 쇼펜하우어가 어린 시절부터 늘 우울하고 신경질적인 성격을 보였던 것은 너무도 당연했다. 그는 어머니를 바라는 마음이 강했고, 청년이 되고 나서도 그 마음을 떨쳐버리지 못했다. 하지만 그럴 때마다 어머니가 자신보다 어머니 스스로의 즐거움을 우선하는 모습만 확인하곤 했다. 아들과 나이 차이가 얼마 나지 않는 애인과의 관계 때문에 우울해하는 어머니의 모습을 보자 쇼펜하우어는 마침내 참지 못하고 마음속에 담아두었던 말을 꺼냈다.

"아버지가 자살한 건 모두 당신 때문이야!"

그걸로 모든 것은 끝났다. 어머니는 아들과 인연을 끊겠다며 자신의 집에서 나가라고 명령했다. 그 후 두 사람이 다시 만난 적은 없었다. 딱 한 번 어머니가 경제적으로 궁핍하여 도와달라고 한 적이 있었는데, 쇼펜하우어는 이때다 싶었는지 매몰차게 거절했다.

중증의 인간 알레르기가 생기는 요인 중 하나는 애착이 심각하게 손상되어 사랑하는 사람에게 분노나 증오를 느끼는, 뒤틀린 애착을 형성한 경우다. 이런 애착 성향을 가진 사람은 상대를 사랑하면 사랑할수록 분노와 미움에 사로잡히는 딜레마에 빠진다. 스스로도 무엇에 화가 났고, 무엇을 미워하는지 알지 못한 채 자신이 제일 믿을 수 있는 존재조차도, 지켜야 할 안심의 거처조차도 스스로 파괴해버린다.

때로는 오랫동안 떨어져 살았기 때문에 부모에 대한 애착이 사라져버린 경우도 있다. 이것이 탈애착인데, 그 상태에 이르기까지는 격렬한 분노와 미움의 터널을 지나야만 한다. 그리고 그 상처는 마음속 어딘가에 반드시 남아 있다.

불안형 애착 성향 ④
아버지의 부재

아버지의 부재와 보살핌의 부족도 불안형 애착 성향을 만드는 요인이다. 어머니의 보살핌이 부족하거나 불안정해도 아버지가 그것을 보완해주면 아이는 균형을 유지할 수도 있다. 하지만 제대로 보완해주지 못하면 아이는 애정 결핍을 느끼고, 그것을 어머니에게 보상받으려다가 불안형 애착 성향으로 발전하는 것이다.

핵가족화로 모자가 단둘이 보내는 시간이 늘어나면 어머니의 부담이 커질 뿐 아니라, 어머니가 제대로 기능하지 못할 때 대신할 사람이 없으므로 아이는 부정적인 영향을 송두리째 뒤집어쓴다. 아이가 성장함에 따라 아버지의 역할은 늘어난다. 아버지는 아이를 보호하고 함께 놀아주는 행위를 통해 아이가 사회로 나아갈 수 있게 이끌어준다. 그와 동시에 어머니와 아이 사이를 가로막음으로써 어머니를 독점하고 싶어 하는 아이의 끝없는 욕구를 제지한다. 아이와 아버지 사이에 형성되는 안정된 애착 관계는 이 삼각관계를 쉽게 극복하게 해주며, 아이가 일대일의 관계뿐만 아니라 삼자 관계를 잘 맺을 수 있도록 돕는다.

그런데 오이디푸스 관계라고도 하는 이 삼각관계를 극복하지 못하면 아이는 아버지에게 부정적인 감정을 계속 갖게 될 뿐 아니라 삼자 관계에서도 불편함을 느낀다. 즉 일대일 관계에 제삼자가 끼어들면 왠지 모를 긴장감을 느껴 그 존재를 제거하고픈 마음을 품게 되는 것이다.

요즘은 끈끈한 모자 관계에 아버지가 '방해물'이 되는 상황도 흔히 볼 수 있다. 이때 아버지는 매번 어머니를 괴롭히는 존재로 행동한다. 그래서 아이는 어머니만 있으면 좋겠다고 남몰래 바라며, 그 생각이 아버지에 대한 불쾌감과 긴장감으로 발전한다. 아버지에게 불만을 털어놓으면서도 완전히 거부하지 못하는 어머니의 어중간한 태도에도 아이는 공연히 화가 난다.

이 단계의 문제에 머물러 있는 사람은 권위적 존재, 아버지와 같은 존재에게 반발심과 증오심을 품게 된다. 자칫하면 어머니마 저 이율배반적인 존재로 여겨 어머니와의 애착 관계도 손상되고, 인간 전반에 대한 분노나 불신으로 이어지기도 한다. 자신을 배 신하고 자신의 소유가 되지 않은 어머니를 되찾는 동시에 폄하 하기 위해 어머니 대신 다른 여자를 정복한 이후 경멸하며 내침 으로써 복수하려는 경우도 있다. 그의 눈에 그 여자는 어머니와 마찬가지로 '믿을 수 없는 존재'이기 때문이다.

통제형 애착 성향 ①
희생정신으로 위장하다

통제형 애착 성향은 변덕스러운 부모에게 학대당하거나 농락당 한 혼란형 애착 성향의 아이가 철이 들면서 자신을 괴롭히는 부 모를 어떻게든 조종하려 한 결과 생겨난다. 부모에게 '착한 아이' 로 행동하여 부모의 비위를 맞추려는 경우와, 반대로 '나쁜 아이' 나 '아픈 아이'가 됨으로써 부모를 당황하게 만들고, 관심을 끌 어 자신을 보살피도록 조종하는 경우가 있다. 이 유형의 사람은 자기희생을 하며 보호자 역할을 자청하거나 문제아 또는 환자가 됨으로써 부모를 제어하고 가족이 샅샅이 붕괴되는 것을 막으려 한다.

통제형 애착 성향의 유형 중 하나는 '회유형 애착 성향'으로, 이들은 불안정하고 미숙한 부모의 비위를 맞추거나 위로하는 역할을 하며 자신이 보호자가 되어 부모를 안심시키려고 노력한다. 이 유형의 사람은 부모의 불안정한 심리 상태나 부부 싸움조차도 자신의 노력이나 희생이 부족한 탓이라고 생각한다. 늘 눈치를 보고 강박적이리만치 최선을 다한다.

그런 관계 방식은 부모 외의 관계에서도 재현되는데, 자신의 문제는 나중으로 미루고서라도 끝을 보지 않고는 못 배긴다. 주변 사람들은 희생적이고 타인을 소중히 여기는 그의 특징 때문에 내면에 들어 있는 인간 알레르기를 눈치채지 못한다. 왜냐하면 그 사람은 마음속 깊이 숨어 있는 인간 알레르기를, 좋게 말하면 극복하기 위해 나쁘게 말하면 위장하기 위해 남에게 모든 노력을 쏟아붓는다고 할 수 있기 때문이다.

【착한 아이의 가면을 쓰다】

아키 씨(가명)는 자타 공인 지행일치(知行一致)형 인간으로, 타인에게는 성실하고 자신에게는 엄격하며 늘 노력을 게을리하지 않고 일했다. 애쓴 보람이 있어서 일에서도 성공하여 남성 우위의 회사에서 출세했다.

그런 자신의 삶의 방식에 회의감을 품게 된 것은 정성껏 키웠다고 생각했던 딸이 도둑질로 경찰에 체포됐을 때부터였다. 용돈은 넉넉히 주었기 때문에 도둑질할 필요는 전혀 없었다. 게다가 새삼 딸의 행동을 조사해보니 채팅 사이트에서 만난 낯선 남자를 상대로 성매매 비슷한 행위를 반복했다는 사실도 알게 되었다. 딸이 잘 크고 있다고 생각했던 아키 씨는 큰 충격을 받았다. 딸은 아키 씨 앞에서는 '착한 아이'로 연기했을 뿐, 꽤 오래전부터 속마음을 털어놓지 않았던 것이다.

그 와중에 제일 믿었던 상사에게 생각지 못했던 모함을 받았다. 지금까지 공들여 쌓은 탑이 단숨에 무너져 내리는 듯했다. 가정을 희생하면서까지 일했던 게 갑자기 허무해졌다. 그녀는 어디서부터 무엇이 잘못되었는지 자신의 생활 방식을 돌아보게 되었다.

아키 씨는 일은 잘했지만 술을 좋아하고 놀기만 했던 아버지와, 그런 남편에게 꼼짝도 하지 못하고 정신적으로 불안정한 어머니 사이에서 태어났다. 어머니가 훌쩍거리며 울면 위로하는 건 그녀의 몫이어서 아버지에게 대들다가 얻어맞은 적도 많았다. 그렇지만 아버지는 딸이 우수한 성적을 받기라도 하면 금세 기분이 좋아졌다. 그래서 그녀는 자신이 노력해서 부모 사이를 회복해야만 한다고 생각했다.

아키 씨는 어머니를 동정하고 아버지를 미워하는 한편 나약한 어머니보다 생활력이 강한 아버지를 더 인정하기도 했다. 집안일을 도우면서 스스로에게 혹독한 목표를 부과하고, 공부도 열심히 했다. 그녀의 마음속에는 어머니를 즐겁게 해주고 싶다는 생각과 동시에 어머니처럼 남편의 경제력에 의존해서 살고 싶지 않다는 생각이 공존했다. 어린 시절부터 그렇게 생각했던 그녀는 성인이 되어 탄탄한 경력을 쌓아 성공했고 경제적인 자립도 할 수 있었다. 자신보다 상대의 기분이나 처지를 우선함으로써 그 사람의 마음에 들고, 인정받는 삶의 방식은 그녀에게 세속적인 성공을 가져다주었다.

하지만 문제는 자기 자신의 속마음은 돌아보지 않았다는 것이다. 그리고 자신의 방식을 알게 모르게 딸에게도 강요하고 말았던 것이다. 우등생을 연기한 것도, 낯선 남자에게 몸을 맡긴 것도 언뜻 보면 정반대인 것 같지만 상대의 기분이나 처지에 맞춰 자신의 모습을 위장함으로써 인정받으려 했다는 점에서는 다를 바가 없다.

통제형 애착 성향 ②
내 존재의 근거, 지배욕

통제형 애착 성향 중 또 하나는 '징벌형 애착 성향'으로 힘이나 체벌로 상대를 지배하려는 사람이다.

이 유형의 사람은 거짓 신분을 연기해도 주변 사람들에게 거의 인정받지 못한다. 자기희생이 보답받지 못하면 공연히 자존심에 상처 입고 인간에게 강한 미움을 갖는다. 그 결과 주변 사람들을 마음대로 조종하거나 냉혹하게 착취하고 복수함으로써 자신의 우위를 확인하고 만족하려 든다. 심리 조작이나 사기, 폭력을 행사하여 상대방을 뜻대로 지배하는 것만이 이들의 목표이다. 이들에게 타인과의 공감과 유대는 존재하지 않는다. 그저 지배함으로써 깊은 만족감을 느낀다. 자기애성 인격 장애와 반사회적 인격 장애인 사람의 인간관계와 비슷하다. 이들은 배우자나 자녀와도 이런 관계밖에 맺지 못한다.

【남편의 노리개가 된 아내】

모델 일을 하던 아이카 씨(가명)가 마사아키 씨(가명)와 사귄 것은 5년 전의 일이다. 마사아키 씨는 30대의 젊은 나이에 어머니가 세운 회사의 전무이사를 맡고 있었다. 고급 차를 타고 다니며 몇 십만 엔이나 하는 명품 옷과 가방을 아낌없이 선물해주었는데, 그런 경제력과 함께 당당한 모습, 쿨한 태도까지 갖춰 매력적으로 보였다. 그녀가 마사아키 씨의 프러포즈를 거절할 이유는 전혀 없었다.

하지만 결혼해서 함께 살게 되자 의외의 모습을 알게 되었다. 자신만만해 보이던 마사아키 씨는 사실 콤플렉스 덩어리로 회장인 어머니와 사장인 형 앞에서는 고개를 들지 못했다. 어려서부터 뛰어난 형과 항상 비교당하며 살아왔고, 어머니는 지금도 그를 어린아이 취급했다. 자신의 아내가 미모의 전직 모델이라는 것을 자랑하고 싶어 했던 것도 그런 열등감에서 벗어나기 위한 방법 중 하나인 것 같았다.

처음에 그녀는 마사아키 씨를 사랑했으므로 그를 동정했다. 하지만 그런 생각도 오래가지 못했다. 처음에 이상하다고 생각했던 것은 임신한 지 얼마 안 된 어느 날 저녁, 남편이 잠자리를 요구했을 때였다. 아직 입덧 중이었고, 그럴 기분도 아니어서 거절하자 남편은 불같이 화를 내며 반쯤은 강제로 섹스를 했다. 나중에 사과해서 무마되기는 했지만 마음 어딘가에 찜찜함이 남았다.

무사히 아이를 낳고 마사아키 씨도 아이를 귀여워해서 그때 느꼈던 두려움은 사라지는 것 같았다. 하지만 그것은 착각이었다. 그가 다시 잠자리를 요구하자 몸이 거부 반응을 일으켰던 것이다.

아이카 씨는 아기를 돌봐야 한다는 핑계를 대며 일찍 잠자리에 들었고, 최대한 밤에는 그와 단둘이 있지 않으려고 애썼다. 간혹 변명이 궁색해서 요구에 응할 수밖에 없을 때에는 너무나 고통스러웠다.

마사아키 씨가 침대 위에서 예전보다 더 이기적인 태도를 보였기 때문에 아이카 씨의 몸이 제대로 반응하지 못한 점도 있었다. 그러자 그는 화를 내며 "당신 불감증이야?"라며 경멸하는 듯한 표정을 지었다. 그녀가 완강하게 거부하면 폭력을 휘두르며 아내로서 의무를 다하라고 욕까지 퍼부었다. 게다가 "이것 때문에 돈을 듬뿍 쥐어준 거야"라는 말까지 했다.

아이카 씨는 그때까지 애써 외면했던 현실과 마주하지 않을 수 없었다.

'나는 남편의 콤플렉스를 보상하기 위한 '노리개'로 선택된 게 아닐까?' 그녀는 이 생각에 빠져들었고 점점 밤이 두려워져 남편이 집에 돌아온 것만으로도 몸이 긴장했다. 그런 생활을 더 이상 견딜 수 없게 된 그녀는 마침내 아이를 데리고 집을 나왔다. 그러자 남편은 그녀의 은행 계좌 출금과 카드 사용을 즉시 정지해버렸다. 그 후 아이카 씨는 대화를 시도했지만 마사아키 씨는 계속 욕만 해댔고 더 이상 두 사람은 함께할 수 없었다. 결국 그는 경제력을 이용해 솜씨 좋은 변호사를 몇 명이나 고용했고, 이혼과 자녀 양육권을 요구하는 소송을 걸었다.

과잉보호가 아이를 해친다

과도하게 보호를 받거나 어머니에게 지배, 관리되며 자란 아이에게는 다음과 같은 특징이 나타난다.

① 소심하고 불안감이 강하다.
② 친구를 사귀는 데 서툴고, 협동심이 부족하거나 과도하게 인기에 연연하며 안정된 관계를 구축하지 못한다.
③ 성장하고 나서도 여전히 의존적이어서 중요한 일뿐만 아니라 사소한 일까지 어머니한테 의지하려 한다.
④ 몇 안 되는 친구나 친한 사람을 상대로 과도하게 의존하거나 속박한다.
⑤ 스트레스나 변화에 대한 참을성이 약하고, 몸과 마음에 이상이 생기기 쉽다. 또한 문제를 스스로 극복하지 못한다.
⑥ 주체적인 의욕이나 관심, 자기주장이 부족하고 자신감이나 패기도 결여돼 있다.

어머니가 모든 장래를 책임지고 지나치게 모든 위험으로부터 보호해줘서 아이는 타인과 사회생활에 대한 마음의 면역 기능을 획득할 기회를 잃어버린 것이다. 그래서 어머니 외의 존재에게는 마음을 주지도, 생존에 필수적인 경계심을 갖지도 못한다. 불필요한 경계심 때문에 상대방을 피하거나 공격하고, 아니면 위험한 상대의 말에 어이없을 만큼 쉽게 속고 만다. 그 결과 인간에게 불신감을 갖는 경우도 많다.

사회생활을 하기 위해서는 타인의 마음을 헤아려 자신의 마음을 열거나 대비하는 경험을 어린 시절부터 축적해야 한다. 과잉보호와 더불어 지배적인 양육 방식은 그 기회를 박탈하고 만다.

【하기와라 사쿠타로, 나는 늘 혼자였다】

「달에 울부짖다」 등의 작품으로 일본 시단에 새바람을 불러일으켰으며 '근대시의 아버지'로 추앙받는 시인 하기와라 사쿠타로(萩原朔太郎, 1886~1942)는 스스로도 인정한 인간 혐오자였다. 그는 줄곧 '마을에 갈 때도 술을 마실 때도 여자와 놀 때도 나는 늘 혼자였다', '친구와 함께 있는 것보다 혼자 자유롭게 내 멋대로인 게 더 편하다'는 내용의 글을 썼다.

사쿠타로는 「나의 고독에 대해」라는 글에서 천성적으로 신경질적이고 허약한 자신의 성격에 대해서 '어린 시절 제멋대로 자라서 그런 것 같다'고 이야기한다. 그는 '개업한 의사 집안에서 장남으로 태어나 마음껏 응석 부리며 자랐기 때문에 타인과의 관계에서 자신을 억제할 필요가 없었다'고 회고하며 또 이렇게 쓰고 있다.

'게다가 초등학교 시절부터 나는 또래 아이들과는 달리 몹시 변덕스러워서 학교에서는 왕따가 되기 일쑤였고, 아이들도 나에게 차가운 적대감을 드러냈다. 그때 일을 생각하면 지금도 오한이 들 정도이다. 그 무렵의 친구들이나 선생님에게 일일이 다 복수하고 싶을 만큼, 나는 그들에게 괴롭힘을 당했다. 초등학교에서 중학교 때까지 학창 시절은 지금 생각해보면 내 인생에서 가장 저주받은 시기이자 악몽의 시절이었다.'

이런 아이에게 학교는 자신의 몸을 지킬 수 없는 무법 지대처럼 느껴진다.

'나는 항상 교실 한구석에서 조용히 숨을 죽였고, 쉬는 시간에는 아무도 없는 운동장 귀퉁이에 앉아 시간을 보냈다. 하지만 아귀 같은 악동들은 반드시 나를 찾아내어 괴롭혔다. 나는 이른 시기부터 범죄인의 심리를 깨우쳤다. 남들의 눈을 피하고, 사람들 앞에 나서는 것을 두려워하며, 끊임없는 두려움에 떨며 도망치는 범죄자의 심리는 이미 어린 시절의 내가 경험한 것이었다.'

그는 지금으로 말하면 사회성에 큰 문제가 있는 아이였던 것이다. 그런 아이에게 학교생활은 지옥과도 같기 때문에 내면에는 점점 인간 알레르기가 싹트게 된다.

사쿠타로의 학교생활은 좌절의 연속으로 중학교와 고등학교를 몇 군데나 옮겨 다녀야 했다.

의사였던 아버지에게도 비슷한 경향이 있었다. 그는 손님이 오는 걸 좋아하지 않았고 집 밖에서만 사람을 만났다. 아마 유전적인 요인도 있었을지 모른다.

덧붙여 사쿠타로는 또 하나의 심각한 문제를 안고 있었다. 청년기에 들어서부터 강박관념에 시달렸던 것이다. 호의를 가진 상대에게 "사랑하는 친구야!"라고 말하려는 순간 '이 병신 같은 놈아!'라는 정반대의 말이 머릿속에 떠올라 그것을 내뱉을 뻔한 것이었다. 그는 그런 불안으로부터 도망치기 위해 결국 친구 관계도 회피하고 말았다.

부도덕한 말이 멋대로 떠오른다거나 범죄 행위를 저지르지나 않을까, 혹은 이미 저지른 것은 아닐까 하는 걱정에 시달리는 강박관념은, 진지한 성격에 장황하게 수다를 떨면서도 자신의 속마음을 지나치게 억압하는 사람들에게 잘 나타난다. 실제로는 누군가를 해칠 만한 행동과 가장 거리가 먼 사람들이지만 혹시 그런 사람이 될까 봐 불안한 마음이 지나치다 보니 절박해지는 것이다.

적당한 스트레스는 사람을 건강하게 만든다

히말라야 원숭이들도 새끼가 어린 동안에는 부모가 새끼를 일절 공격하지 않고 새끼의 욕구를 전면적으로 받아주고 충족해주기 위해 애쓴다. 인생의 첫 단계에서는 이렇듯 충분한 만족감과 안정감을 주는 시기가 필수적이다.

하지만 언제까지고 마냥 충족해줘야만 하는 것은 아니다. 적당한 스트레스와 자극도 필요하다. 어미에게 안겨 있는 새끼 원숭이는 떨어질지도 모르는 위험에 노출되어 있지만, 절대적으로 안전한 움직이지 않는 어미 원숭이 인형에게 안겨 있을 때보다 발달 상태는 훨씬 좋다. 적당한 스트레스가 긍정적으로 작용하는 것이다. 최근 알레르기가 늘어나는 요인 중 하나로 지나치게 청결한 환경을 꼽는다. 어린 시절부터 너무 깨끗한 환경에서 살면 불필요한 면역을 억제하는 장치가 발달하지 못하고, 그 때문에 알레르기 반응이 더 쉽게 일어난다는 것이다.

면역을 억제하는 장치로 중요한 역할을 수행하는 게 제어성 T세포이다. 어린 시절 접촉한 이물질에 대해서는 제어성 T세포가 증가한다. 그런데 이 세포는 재미있는 성질을 가지고 있다. 평화 국가의 군대처럼 싸우지 않는 것을 목표로 한다는 점이다. 싸우지 않음으로써 쓸데없는 거부 반응이 일어나지 않도록 한다.

알레르기가 일어나기 쉬운 체질은 제어성 T세포가 감소한 상태이다. 이렇게 제어성 T세포가 부족한 경우에는 이물질이 아닌 자기 자신의 세포에 대해서도 공격을 퍼붓게 된다. 이것이 바로 자가면역질환이다.

유소년기에 세균에 감염되는 일이 없으면 제어성 T세포가 충분히 증가하지 못하므로 면역을 억제하는 장치도 발달하지 못한다. 요컨대 너무나 위생적으로 어린 시절부터 지나치게 보호받으며 자라면 무해한 이물질에 대해서도 과민하게 반응하게 된다. 이는 곧 스트레스가 너무 적은 과잉보호 환경에서 자라면 인간 알레르기가 쉽게 생긴다는 말과도 일맥상통한다. 심리적인 무균 환경에서 자라면 대개의 경우 자신이 원하는 것 외에는 전혀 받아들이지 못하는 결벽증 성향을 갖게 된다.

가족이 한 방에 모여 잠자는 게 당연한 환경에서 자란 사람과, 어려서부터 자기 방에 격리되어 다른 아이와 싸우거나 친해질 기회도 없이, 무엇이든 리모컨 하나로 조작할 수 있는 환경에서 자란 사람은, 타인을 이물질로 받아들이는 감도(感度)가 다를 수밖에 없지 않겠는가.

꿈도 희망도 삶의 의미도 없는 사람들

불안형 애착 성향의 사람이 인간으로부터 깊은 상처를 받아 인간 알레르기를 갖게 되면 딜레마에 빠진다. 다른 사람에게 인정받거나 사랑받고 싶은 기분과, 타인을 믿지 못하고 거부당하는 게 두려워 마음을 열지 못하는 기분 사이에서 갈등하는 것이다. 불안

형 애착 성향에 회피형 애착 성향까지 추가된 것이 바로 혼란형
(공포회피형) 애착 성향이다.

【서머싯 몸, 무엇을 하든 무의미하다면
무엇을 해도 좋은 게 아닐까?】

단편 소설의 대가이자, 『인간의 굴레』나 『달과 6펜스』 같은 인
간성에 대한 깊은 통찰로 가득한 장편 소설을 남긴 작가 서머싯 몸
(William Somerset Maugham, 1874~1965)은 파리에서 활약하던 영국
인 변호사 아버지와 사교계에서 미모를 자랑하던 어머니 사이에서
태어났다. 어머니는 몸을 낳았을 때 이미 결핵을 앓고 있었는데 그
가 여덟 살 때 그만 불귀의 몸이 되고 말았다.

몸은 어머니에게 이상할 정도로 집착했으며 평생 어머니를 잃은
아픔을 안고 살았다. 그의 외동딸이 회고한 글에 따르면, 몸은 어머
니의 사진을 늘 머리맡에 놓았을 뿐 아니라 어머니의 긴 머리카락
을 계속 보관하다가 언젠가 보여준 적도 있다고 한다. 딸은 어머니
를 그리워하는 모습에 감동받은 동시에 오싹함을 느꼈다고 말했다.

그런데 그로부터 불과 2년 후, 아버지마저 암으로 세상을 떠났고
이 일은 몸이 고독한 삶을 살게 되는 결정적 계기가 된다. 부모를
모두 여읜 열 살의 소년은 숙부 밑에서 자랐다. 영국 시골 마을의
목사였던 숙부는 매우 엄격했다. 그에게는 자식이 없었으므로 몸을

맡는 게 마땅하다고 여겼다. 하지만 숙부는 공감 능력이 부족한 인물이었다.

몸을 더욱 괴롭게 만든 것은 기숙사 생활을 했던 공립학교에서 집단 왕따를 당한 사건이었다. 몸은 심한 말더듬이였는데, 부모의 잇따른 죽음과 이국땅이라 해도 과언이 아닌 영국의 환경 때문에 이 증세가 더욱 악화되었다. 허약 체질에 작은 키라는 외적 요인도 왕따를 더욱 부채질한 듯싶다. 늘 바보 취급하며 놀리는 아이들 때문에 몸은 몹시 괴로웠다. 이 체험은 몸이 인간 알레르기를 갖게 만든 결정적 계기가 되었다.

지옥 같은 학교생활에서 그를 구원해준 것은 병이었다. 폐침윤(肺浸潤, 결핵의 초기 증상)이라는 진단을 받은 그는 남프랑스의 이에르(Hyeres)로 요양을 떠났다. 그는 그곳에서 문학에 본격적으로 눈을 뜬다. 그리고 공립학교를 졸업한 후에는 숙부의 허락을 받아 1년간 독일의 하이델베르크(Heidelberg)로 유학을 간다. 하이델베르크의 자유로운 분위기는 더욱 몸을 문학과 예술의 세계로 이끌었다. 그는 쇼펜하우어의 염세철학에 매료되었다. 염세철학이란 세계는 맹목적인 의지에 조종되는 표상에 불과하며, 모든 것은 무의미하다는 사상이었는데, 몸은 거기에서 오히려 구원을 받았다. 무엇을 하든 무의미하다면 무엇을 해도 좋은 게 아닐까 하는 깨달음이 그의 마음을 자유롭게 해주었기 때문이다.

그는 유학을 마치고 영국으로 돌아온 후, 숙부를 안심시키기 위해 회계사 사무실에서 수습생으로 일했지만 곧바로 싫증을 내고 2개월 만에 그만둔다. 그리고 숙부에게 의사가 되겠다고 선언했고, 숙부도 찬성하자 의대생이 되었다. 의학에 고고한 뜻이 있었던 것은 아니다. 이것은 작가가 되기 위한 시간 벌기였으며, 정식으로 직장에 취직하는 것을 미루기 위한 구실에 지나지 않았다.

의대생이 되고 나서도 몸은 고독했다. 다른 학생들과는 거의 교류도 없었고, 책이 유일한 친구였다. 동년배의 친구보다 하숙집 여주인처럼 대화하기 편한 연상의 여자에게 친근감을 느꼈다. 몸은 어머니의 다정함에 굶주려 있었던 것이다.

결국 그는 의대를 졸업했지만 의사는 되지 않았고, 작가로서 성공하는 것을 목표로 한다. 인간 알레르기를 가진 채 진심으로 타인과 친해질 수 없었던 몸에게 의사로 살아간다는 것은 사회적 지위와 경제적 안정이 보장된다 해도 그리 쉬운 길은 아니었다. 그는 자신이 타인과의 친밀한 관계를 회피하거나 지나치게 오만한 행동을 해서 불필요한 충돌을 일으킨다는 것을 잘 알고 있었다. 그런 삶의 괴로움에서 도망치기 위해 몸은 인생을 회피하는 생활 방식을 선택했던 것이다.

이것은 몸이 처음부터 작가로 대성공한 것도, 충분한 수입을 올린 것도 아니었다는 점을 생각하면 더욱 명백하다. 그는 좀처럼 히

트작을 내지 못해 경제적으로도 고달팠다. 그래도 몸은 인간 사회 속에서 일하는 것보다 고독하게 원고지 앞에 앉는 편이 즐거웠다.

믿고 싶지만 믿을 수 없는 비극

【서머싯 몸, 모든 사람은 낯선 타인】

몸은 처녀작을 출판한 지 10년 만인 서른세 살 때 작가로서 인정받는다.

그는 마흔두 살 때 결혼했는데, 상대는 삼십 대 중반의 이혼녀였다. 실연으로 실의에 빠져 있던 몸 앞에 나타난 여자, 시리였다. 시리의 아버지는 영국에 고아원을 몇 군데나 세운 유명한 사회사업가였다. 그녀는 엄격하고 금욕적인 가정에서 자랐지만 그런 환경에 염증을 느꼈다. 그래서 스무 살 넘게 차이 나는 학자와 결혼했지만, 아버지의 가르침에 대놓고 반항하듯 외간 남자와 불장난을 거듭했다. 그뿐 아니라 사귀던 애인한테 용돈까지 받고 있었다. 그런데 사치스러운 생활 때문에 거액의 빚이 생기자 좀 더 부유한 후원자가 필요했던 그 순간 몸을 만난 것이다. 그때까지 시리는 아직 남편과 헤어지지 않은 상태여서, 아이라도 갖게 되면 곤란한 사태가 벌어질 것은 누가 봐도 명백했다. 그런데 평소에는 다른 사람을 믿지 않던 몸이 넋이 나간 듯 시리에게 빠지고 말았다.

가장 큰 불행은 시리의 남편이 사립 탐정을 고용해 아내의 행동을 감시하고 있었다는 것이다. 결국 두 사람의 관계가 들통 나자 궁지에 몰린 시리는 임신한 상태에서 수면제를 잔뜩 먹고 자살을 시도했다. 당황한 몸은 시리를 동정하는 마음에 모든 책임을 자신이 지기로 결심했다. 시리의 본성을 눈치챈 친구는 몸에게 덫에 걸린 것이나 다름없다고 충고했다. 빚을 갚기 위해 먹잇감을 물었다는 것이다. 하지만 몸은 이렇게 말하며 시리와 결혼하겠다는 결심을 바꾸려 하지 않았다.

"나도 고아로 힘들게 살았어. 내 자식한테 똑같은 고통을 맛보게 하고 싶지 않아."

몸은 배 속의 아기와 자신의 처지를 겹쳐 생각했다. 그러나 함께 살면 살수록 시리의 성격도, 생활 방식도, 경박한 취미나 무교양까지도, 즉 모든 것이 그를 화나게 했다. 그나마 남아 있던 동정심은 곧바로 격렬한 증오로 변했다. 결혼 생활은 형식적으로나마 10년 넘게 지속했지만 후반에는 거의 함께 지내지 않았다. 이 불행한 결혼은 몸의 인간 알레르기를 치료 불가능하게 만들 만큼 불행의 결정타를 날렸다. 그가 일흔다섯 살 때 출간한 『작가 수첩』에는 다음과 같은 구절이 나온다.

'마음속 깊은 곳까지 상대를 다 알고, 그래도 더 알기 위해 힘껏 다가가려 한다. 하지만 조금씩 그런 것은 불가능하다는 것을, 아무리 열의를 담아 상대를 사랑하려고 해도, 아무리 친밀하게 상대와 관계하려 해도 어차피 상대는 낯선 타인일 수밖에 없다는 것을 알게 된다. 가장 헌신적인 남편과 아내조차 서로를 알지 못한다. 그렇기 때문에 자신의 껍데기 안에 틀어박혀 침묵한 채 누구에게도, 제일 사랑하는 사람에게조차 보여줄 수 없는 자신만의 세계를 만들게 된다. 이해해주는 사람이 없다는 것을 깨달았기 때문에.'

몸의 경우도 그렇지만 인간 알레르기를 안고 있는 사람은 하나같이 연애에 서툴고, 그 결과 이성 운이 없다. 그 사람 내면의 편견이나 완고함이 균형감 있는 관계를 가로막기 때문에 어울리는 사람과 만나 행복한 연애를 하는 것이 어렵다.

그러나 몸처럼 깊은 상처를 간직한 채 타인을 믿지 못하는 사람조차 누군가를 믿고 싶어 한다. 아직 젊어서 사람을 사랑하고, 갈망하려는 에너지로 가득할 때 인간은 한 줄기 가능성에 기대어 다른 사람과 관계하는 걸 믿고 또 그것을 회복하려 한다. 그것 역시 주목해야 할 현상이다.

{ 5장 }

"나는 나를 조종할 수 있다!"

이유를 아는 순간, 인간관계의 봉인이 풀린다

나 는 왜 저 인 간 이 싫 을 까 ?

왜 인간 알레르기가 늘어날까?

알레르기가 현대인에게 만연해 있는 것과 마찬가지로 현대 사회
에서 인간 알레르기 역시 급속도로 번지고 있다. 잡균이 없는 청
결한 환경이 알레르기를 만들어내는 것처럼 사람과 사람 간의
접촉이 부족하고 격리되어 있는 환경은 인간 알레르기를 촉진한
다. 개개인이 통제 가능한 여러 시스템에 익숙한 현대인에게 자
기 뜻대로 조종할 수 없는 타인이란 존재는 불쾌함을 유발하는
원인이다. 부모와 안정적인 애착 관계를 맺지 못하는 것도 가장
큰 이유 중의 하나이다. 아이를 등에 업거나, 포옹하거나, 손을
잡는 등의 스킨십이 줄어드는 경향이 있는데 이것이 그 현상을

부채질한다. 지금 일본에서는 홀로 사는 세대가 전체의 절반쯤을 차지하는데, 애착이 약해지는 건 인간 알레르기의 증가와 밀접한 관계가 있다.

학대, 집단 따돌림, 괴롭힘, 가정 폭력, 이혼 같은 비교적 가까운 인간관계에서 나타나는 이러한 문제들은 인간 알레르기의 증가를 알려주는 지표라고도 할 수 있다. 또한 혼인율 저하나 섹스리스 부부, 핵가족화, 연애하는 젊은이의 감소 등등의 현상도 또 다른 지표일 것이다.

인간 알레르기는 대인 관계의 갈등을 야기할뿐더러 스트레스를 부추기고 건강과 수명에도 부정적인 영향을 끼치기 때문에 문제가 된다. 이를테면 인간 알레르기가 원인이 되어 이혼하는 사람도 많은데, 이혼은 남성의 수명을 대략 10년가량, 여성의 수명도 약 5년가량 단축하게 만든다. 가능한 한 빨리 재혼한 쪽이 오래 사는 경향을 보이기도 한다.

이혼은 당사자인 부모뿐만 아니라 아이에게도 영향을 미친다. 부모가 이혼했을 경우 아이의 평균 수명은 약 5년 단축된다. 독신인 것도 수명에는 마이너스다. 특히 남성의 경우에는 평균 수명이 약 9년 7개월이나 단축되고 만다. 반대로 자녀를 갖는 것은 부모의 사망률을 저하시킨다는 연구 결과도 나와 있다. 이 수치는 미국에서 실시한 80년에 걸친 수명 연구의 결론이다(Friedman & Martin,「The Longevity Project」, 2011).

또한 신경과민에 초조하거나 공격적이 되기 쉬운 성향은 사망률을 높이는 요인이다. 이 점은 이미 잘 알고 있을 것이다. 폐암의 발병 연령을 조사한 연구(Augustine et al., 2008)에 따르면 공격성이나 적대감이 강하고, 특히 언어폭력이 심한 사람은 일찍 폐암에 걸릴 수 있다고 한다. 또한 인간 알레르기인 사람에게 나타나기 쉬운 극단적인 사고방식도 사망률을 높이는 요인이다.

건강이나 장수에 유난히 관심이 많은 현대인의 미래를 인간 알레르기라는 벽이 가로막고 있는 것이다.

'과도한 이물질 인식'과 '알레르기 억제 시스템'

인간 알레르기는 필요 이상으로 타인을 이물질로 인식하는 데서 시작한다. 따라서 먼저 과거의 인식(원인)을 어떻게 바꿀 것인가를 생각해야만 한다. 격렬한 알레르기 반응(결과)에만 주목하여 일시적인 치료법을 고민하는 것은 강 하류를 둑으로 막아놓은 것이나 다름없는 임시방편이므로 곧 걷잡을 수 없이 무너져 내릴 게 뻔하다.

그냥 인식만 바꾸려 해도 좀처럼 쉽지 않다. 머리로는 알고 있는데 몸이 제멋대로 반응하여 상대에게 어쩔 도리 없는 거부감이 솟구치면 기분이나 행동을 조절할 수 없는 게 보통이다.

그래서 중요한 것이 인간 알레르기를 억제하는 또 하나의 시스템이다. 인간에게는 과도한 이물질 배제를 억제하고, 또한 가족을 이물로 보지 않기 위한 시스템이 있다. 바로 '애착 관계'이다. 애착 관계가 약하거나 없으면 인간 알레르기가 강해지는 경우도 많다. 그렇다면 반대로 애착 관계를 강화하거나 잘 활용하면 인간 알레르기를 완화할 수 있지 않을까?

이처럼 타인을 과도하게 이물질로 인식하는 현상을 어떻게 하면 줄일 수 있는지, 그리고 인간 알레르기를 억제하는 시스템을 어떻게 하면 강화할 수 있는지, 그 두 가지 큰 틀을 통한 대처법을 이야기하고자 한다.

I 이물감을 줄이는 방법

분해하고 소화한다

우선 타인을 과도하게 이물질로 인식하는 습관을 어떻게 바꿀 수 있는지에 대해 살펴보자.

기본은 이물질을 분해하는 작업이다. 몸의 알레르기에서도 마찬가지 현상이 나타나므로 그에 대한 설명부터 하겠다.

한번 알레르기 체질이 되면 평생 계속되는가 하면 반드시 그렇지도 않다. 극복할 수 있는 알레르기도 있다. 이를테면 음식물 알레르기다. 유아기에 가장 많이 나타나지만, 서서히 감소하여 설령 알레르기 소인(素因)이 그대로 남아 있다 해도 증상은 생기지 않는다. 위장의 소화 기능이 발달하고 음식물을 분해하는 능력이 증가해 알레르기의 원인이 되는 단백질 등을 가늘게 부수기 때문이다. 알레르기는 분자량이 일정량 이상인 이물질에 대해서만 반응한다. 바이러스나 세균 역시 덩치가 큰 축에 속한다.

하지만 예를 들어 소금이나 물 분자는 물론이고, 아미노산이나 콜레스테롤도 너무 작기 때문에 알레르기의 대상은 되지 않는다. 단백질은 거대한 분자이지만 소화 과정에서 아미노산으로 분해되므로 다시 알레르겐이 되지는 않는다.

소화 기능이 충분히 발달하는 네 살 무렵에는 음식물 알레르기가 가라앉는 경우가 많다. 엄밀히 말하면 알레르기는 남아 있지만 알레르겐으로 인식한 물질은 장까지 도착하기 전에 분해되어 이물성을 잃어버리므로 아무 일도 생기지 않는 것이다.

이것은 인간 알레르기의 경우에도 마찬가지이다. 정신적인 소화 능력이 미숙한 시기에는 타인의 말과 행동이 그대로 마음속 깊이까지 들어가 알레르기 반응을 피할 수가 없다. 하지만 분석하고 이해하는 능력이 높아지면 말과 행동을 분해하여 해독한 이후 소화하기 때문에 영양분으로 받아들일 수도 있다.

당신이 거북해하는 사람의 이물성은 본래 그 사람의 말과 행동으로 상처나 고통을 받음으로써 일어난다. 그것이 반복된 결과 상대의 인격에 대해서까지 거부 반응이 일어난다. 이런 거부 반응을 없애려면 발단이 된 불쾌하고 고통스러운 체험 하나하나를 곱씹어보고 무해한 수준이 될 때까지 분해해야 한다.

마음에는 자기 회복 장치가 있다

인간의 마음은 자연 면역처럼 자기 회복 장치를 갖고 있다. 마음에 의한 분해 · 소화의 첫 단계는 수면과 꿈이다. 잠들고 꿈을 꿈으로써 마음은 하루 종일 받은 상처를 회복하려 한다. 한숨 자고 나면 상처가 조금 누그러지는 듯한 느낌이 든다. 깊고 강한 상처는 한숨 자는 것만으로 분해할 수 없을지도 모른다. 며칠 동안 같은 꿈을 꿀 때도 있는데, 이는 커다란 상처를 어떻게든 극복하려고 시도한 결과이다. 때로는 몇 년, 혹은 수십 년에 걸쳐 겨우 소화가 끝나는 경우도 있다. 그렇기 때문에 잠이나 꿈은 중요하다. 먼저 잠을 충분히 자야 한다.

또한 잊는 것도 중요한 마음의 자연 면역이다. 그러나 인간은 잊고 싶어도 잊을 수 없게끔 타격을 받는다. 쉴 틈 없이 계속 꾸짖으면 잊기는커녕 더욱더 과민해진다. 충격이 너무 클 때나 우울증 등 정신적으로 병이 들었을 때, 우리는 생각하는 것을 멈출 수가 없다. 상처받은 일을 하루 종일 떠올리다 보니 마음은 더욱 피폐해지고 쇠약해진다. 이때도 인간은 회복 수단을 갖고 있다. 감정을 표현하고 말함으로써 분해·소화의 과정을 진행하는 것이다. 이것들은 놀라우리만치 강력한 회복 수단이다.

첫 번째 단계는 감정과 기분을 모조리 털어내는 것이다. 울고 화내고 억울해하다가 항의하고 한탄하는 것이다. 주변에 적당한 사람이 없으면 심리 치유사나 정신과 의사를 찾아가는 것도 좋다. 혼자 외롭게 억울해하고 한탄하는 것보다 누군가와 함께 주고받아야 더 잘 극복할 수 있다.

두 번째 단계는 무슨 일이 벌어졌는지 말하는 것이다. 부조리하고 이해할 수 없는 일을 다른 사람에게 말하고, 그 체험을 일부라도 공유해야 한다. 동시에 말로 표현함으로써 일어난 일을 객관적인 사건으로 재현한다. 그러면 괴로운 체험은 더 이상 그 사람을 위협하지 못한다. 몇 번이나 말하는 동안 마음이 진정되므로 그 일을 극복하는 데 중요한 수단이라 할 수 있다. 이것은 꿈을 꾸는 행위와 상당히 비슷하다. 아무리 무서운 꿈도 직접 그 사람의 생명이나 안전을 위협하지는 못한다. 인간은 꿈을 통해 자신을 상처 입힌 일을 영화를 보듯 다시 체험하고 마주하면서 냉정함을 되찾는다.

그 후에는 또 하나의 과정이 존재한다. 괴로운 체험과 그로 인해 생긴 마음의 상처에 새로운 의미를 부여하는 것이다. 상처를 입힌 존재나 그 행위를 제대로 해석하는 것도 그중 하나다. '나한테 도대체 무슨 일이 일어난 것인가'를 정확하게 이해하는 건 그 경험의 여파가 파괴적으로 작용하는 것을 방지한다.

예를 들어 상사의 말도 안 되는 요구나 인신공격을 '권력 남용'이나 '성희롱'이라는 이름으로 정의 내리는 것이다. 그러면 자신의 상황을 정확히 진단할 수 있고, 혼란스러워하거나 자책하는 것도 막을 수 있다. 다만 이런 거시적 진단은 분해 단계의 중간과정에 지나지 않으므로 그 이물성을 완전히 분해하지는 못한다.

인간 알레르기를 극복하고 안정된 신뢰 관계를 회복하기 위해서는 이물질에 대한 적극적인 분해와 무해화하는 과정이 필요하다.

먼저 연소를 막는다

우리 인간은 언어로 개념을 조작하는 능력이 있다. 자신을 위협하는 사람의 말과 행동이나 그 속의 인격을 도마 위에 올려놓고, 언어라는 예리한 칼로 잘게 저며 소화할 수 있다. 비판과 비난만으로는 아직 이물성이 남아 있다. 즉 분해가 제대로 이루어지지 않은 것이다. 좀 더 잘게 분해하면 이물성은 약해지고 더욱더 해가 없는 구성 요소로 분쇄된다. 거기까지 분해가 진행되면 감정적인 분노를 촉발하지 않고 이해하는 게 가능하다. 이물성이 남아 있다 해도 그것은 극히 일부이고, 항원의 양이 감소함에 따라 알레르기는 누그러진다.

분해 과정에는 몇 단계가 더 있는데, 제일 첫 단계는 알레르기의 본체 부분과 그것이 불씨가 되어 과도하게 커진 부분을 도려내는 것이다. 상처가 번지는 것은 인간 알레르기가 가진 파급 작용에 의해 이루어진다. 원래 알레르기는 상대의 부분적 특성이나 행동 때문에 일어난다. 그것이 서서히 연소하여 널리 퍼지는 것이다. 일부분 때문에 촉발되지만 결과적으로는 전혀 무해한 특성이나 부분까지 모두 혐오와 거부의 대상이 되고 만다. 거기서 더 발전하면 그 사람의 존재 전체가 증오의 대상이 되어 공격 성향이 드러나게 된다. 심하면 그 사람과 관계된 것이나 그 사람을 연상하게 하는 것까지 불쾌함이나 거부감을 갖는다. 그리고 그러다 보면 그 사람과 아무 관계도 없는 타인에게까지 분노를 터뜨리며 공격하는 수순을 밟게 된다. 때로는 자신에게 도움을 주려는 사람에게까지 말이다.

이는 화재의 원리와 비슷하다. 불이 났을 때도 최초의 불씨보다는 그와 전혀 관계없던 물건들이 더 심각한 피해를 주게 마련이다. 인간 알레르기를 극복하려면 바로 여기에 해당하는 '과민 반응'을 어떻게 방지할 것인가가 중요하다.

과민 반응을 막으려면?

① 사실과 추측을 구별한다

인간이 부정적인 사고를 하는 까닭은 사실이 아닌 것을 사실인 양 비약적으로 추측하기 때문이다. 인간 알레르기인 사람은 사소한 신호나 조짐을 모두 안 좋은 쪽으로 해석하고, 사실과는 동떨어진 자신만의 생각을 만들어낸다.

【나한테만 차가운 상사】

회사원인 교카 씨(가명)는 최근 상사의 태도에 화가 나 있다. 직접적인 계기는 일 때문에 주의를 받은 것이다. 사소한 실수였는데 여러 사람 앞에서 지적하는 바람에 조금 충격이었다. 그 이후 자신에게만 엄격한 잣대를 들이대는 것 같았고, 또 뭔가 지적당하지나 않을까 몸을 사리게 되었다. 예전에는 친절하고 의지가 되는 상사라고 생각했는데 신입 여사원이 들어온 후부터는 그 사람에게만 친절한 듯하고, 자신을 볼 때는 심란하고 성가시다는 듯한 표정을 지었다. '나 같은 건 필요 없으니 빨리 그만두라고 말하고 싶은 걸까' 하는 생각까지 들었다. 그녀는 "저를 자르고 싶으면 확실히 말해주세요"라고 단호히 외치고 싶었다.

이 사례에 등장하는 사실 부분은 두 가지뿐이다. 하나는 일하던 도중 실수한 바람에 상사가 한 번 주의를 준 것, 또 하나는 최근에 신입 사원이 들어왔다는 것이다. 자신에게만 엄격한 잣대를 들이댄다거나 신입 사원만 귀여워하며 자신을 자르고 싶어 한다고 생각하는 부분은 교카 씨의 추측이다.

사실과 추측을 가려내려면 신경 쓰이는 점이 얼마나 객관적인지를 검토해봐야 한다. 상사가 다른 사람에게도 주의를 주느냐고 교카 씨에게 물어보니, "자주 혼나는 어린 사원은 있지만 그 사람은 남자고, 저는 지금까지 거의 혼난 적이 없었어요"라고 설명했다. 또 교카 씨가 신입 사원이었을 때는 친절하게 대해주지 않았느냐고 묻자, "상당히 친절하게 가르쳐주셨어요"라고 대답했다.

즉 교카 씨는 최근 입사한 신입 사원과 똑같이 귀여움을 받았고, 좀처럼 주의를 받은 적도 없었다는 것이 사실이다.

만약 교카 씨가 일을 그만둔다고 치면 지금 업무를 다른 사람이 쉽게 인계받을 수 있느냐고 물어보자, "글쎄요. 아마 익숙해지는 데 최소 반년은 걸리겠죠"라고 했다. "그렇다면 교카 씨가 갑자기 그만두면 상사분이 곤란해지지 않을까요? 정말 상사분이 교카 씨를 자르고 싶어 하는 걸까요?" 하고 물으니 비로소 교카 씨는 자신의 걱정이 지나쳤다는 것을 깨달았다.

우리는 표정이나 태도, 분위기를 '사실'로 착각하기 쉽다. '차가운 표정을 지었다'거나 '화난 것 같다'는 것은 사실처럼 생각하기 쉽지만, 다분히 보는 사람의 추측이 포함되어 있다. 최근 한 연구에서는 사람들의 표정 인지의 정확성이 그리 높지 않다는 사실을 밝히고 있다.

인간 알레르기인 사람은 상대의 표정을 나쁜 쪽으로 해석하기 쉽다. 대인공포증이나 자기 부정이 강한 사람, 학대받은 경험이 있는 사람은 상대방이 평소와 다름없는 표정을 하고 있어도 화났다고 잘못 해석하는 경향이 강하다. 표정은 비교적 쉽게 간파할 수 있는데도 이러한데, 태도나 분위기를 보고 추측하는 것은 오죽할까? 그런 추측은 거의 맞지 않는다고 생각하는 게 좋다.

사실과 추측을 구별하는 과정에서, 추측 부분에 대해서는 '어차피 추측이다. 사실인지 아닌지는 알 수 없다. 나쁘게 생각하며 고민하는 것은 그만두자'라고 되풀이해서 자신을 타일러야 한다.

② 확대해석을 멈춘다

잘못된 판단으로 확대해석을 하면 인간 알레르기는 더욱 기승을 부린다. 전혀 관계가 없는 일도 제멋대로 연관 지어 악의적인 감정까지 덧붙이다 보면 상대방에 대한 적대감까지 불태우는 사태에 이르기도 하는데, 이런 사례는 매우 빈번하다.

이런 생각에 빠지다 보면 모두가 의도적으로 접근해 자신을 궁지로 몰아넣으려 한다고 느낀다. 고작 한두 번밖에 일어나지 않은 일을 늘 일어나는 일이라고 착각하게 되고, 그러다가 자신에게는 영원히 안 좋은 일이 계속될 것이라며 신세를 한탄하는 악순환에 빠진다. 우연에 불과한 일을 확대해석하게 되면 이렇듯 큰 불행으로 이어지게 된다.

[저주받은 인생]

유코 씨(가명)는 40대의 여사원인데 사내에 불편한 사람이 몇 명 있어서 화장실에 갈 때도 최대한 얼굴을 마주치지 않으려고 주위를 살피는 게 일상이었다. 그런데 그날은 제일 불편한 남자 사원이 복도에서 자신 앞을 스쳐 지나갔고, 화장실에서 나올 때는 입이 걸기로 유명한 여자 사원과도 딱 마주쳤다. 어색하게 인사는 했는데 그들이 자신을 어떻게 생각했을까 하는 생각에 그녀는 초초해졌다. '지금쯤 내 험담을 하고 있는 게 틀림없어. 하필이면 제일 싫어하는 두 사람과 다 마주치다니 정말 오늘 일진이 사납잖아. 내 인생은 저주받은 게 아닐까' 하는 생각까지 들었다.

이 사례에 등장하는 유코 씨도 사실과 추측을 혼동하고 이를 확대해석하면서 스스로를 괴롭히고 있다. 또한 별거 아닌 일에 의미를 부여하면서 자신의 인생 전체가 '저주받았다'는 부정적인 사고의 우물에 빠져버린다. 이러한 사고가 인간 알레르기를 조장하고 인간관계를 어렵게 만든다.

【환상의 적】

30대의 회사원 노리마사 씨(가명)가 프로젝트의 리더로 뽑혔다. 밤늦게까지 일해야 할 때도 많았지만 그래도 열심히 했다. 하지만 자신보다 나이 많은 A 씨가 그다지 협조적이지 않아서 일하기가 어려웠다. 아마도 자신의 일처리 방식에 불만이 있는 것 같은데 어떻게 이야기하면 좋을지 모르겠다. 마침내 그는 A 씨 때문에 스트레스를 받게 되었다.

그러던 어느 날, 그는 주말에 팀원 중 몇 명이 함께 술을 마시러

갔다는 사실을 알게 되었다. 자신에게는 말하지 않았기 때문에 그는 큰 충격을 받았다. '나는 팀을 위해 애쓰고 있는데 다들 나를 동료로 생각하지도 않는 건 아닐까.'

그는 이런 생각에 빠져들었고 왠지 출근할 때마다 마음이 무거웠다. 자신의 일처리 방식에 다른 사람들도 불만을 갖고 있는 걸까 하는 생각이 들자 모두의 눈빛이나 안색을 살피게 되고 조심스러워졌다. 동료의 불만스러운 표정을 보면 일을 분담하기가 어려워 자신이 직접 처리했다. 그렇게 혼자 떠맡는 사이에 노리마사 씨는 결국 회사에 나가지 못하게 되었다.

이 사례도 마찬가지이다. 팀에 연상인 팀원이 한 명 있다, 리더로서 일하기 어렵다, 회식에 함께하자는 권유를 받지 못했다, 이상 세 가지 사실을 통해 노리사마 씨는 자신이 팀 안에서 고립되어 있으며 리더로 인정받지 못한다는 추측성 결론을 이끌어냈다. 심지어 그는 주변 사람들을 적으로 판단하고 스스로를 궁지로 몰아넣었다.

하지만 사실은 전혀 달랐다. A 씨에게는 말기 암으로 투병 중인 아내가 있었고, 머지않아 숨을 거두었다. 그가 협조적이지 않은 것처럼 보였던 건 아내 문제로 정신이 없었기 때문이었다. 다른 동료들도 노리마사 씨의 일처리 방식에 특별히 불만은 없었다.

회식 권유를 하지 않은 이유는 바빠 보였기 때문이며 다른 뜻은 없었던 듯하다.

노리마사 씨는 전혀 관계없는 사실을 제멋대로 연관 짓고, 자신이 두려워하던 것을 뒷받침하는 '사실'로 해석해버렸다. 스스로는 그렇게밖에 해석할 수 없을 만한 상황이라도 실제로는 전혀 다른 경우가 많다. 팀 내에 편히 이야기할 수 있는 사람이 한 명이라도 있으면 상황을 좀 더 정확히 파악할 수 있었을 것이다. 그런데 인간 알레르기인 사람은 고립되었다고 생각하면 주변 사람들에게 도움을 요청하기는커녕 더욱 자기 내부로 파고들어 외부 세계와의 관계를 끊으려 한다. 어차피 주변에는 온통 적뿐이라 도움을 요청하는 것은 상당히 위험하고, 잘해야 웃음거리가 될 뿐이라고 생각해버리는 것이다.

사실이 아닌 자신만의 추측에 의지한 결과 상황을 곡해해서 받아들이고, 잘못된 판단을 내리기 십상이다.

③ 남들은 생각보다 나에게 관심이 없다

타인을 이물질로 인식하는 요인 중 하나는 '신경과민'이다. 많은 사람들에게 별로 불쾌하지 않은 자극도 고통스럽게 받아들이는 것이다. 그래서 더욱 쉽게 상처를 받고 타인과 함께 있는 것 자체가 스트레스나 피로의 원인이 되므로 어느샌가 그것을 고통으로 느껴 인간 알레르기에 이르고 만다.

실제로 인간 알레르기를 치료하는 데 약물이 효과를 발휘하는 것은 이런 메커니즘이 있기 때문이다. 소량의 안정제를 알맞게 활용하면 증상이 극적으로 개선되고 행동하기 편해질뿐더러 대인 관계도 원만해지는 경우가 많다. 다만 의존성이 있는 항불안약 등은 과민성에 근본적인 효과가 없는 만큼 약에만 의존할 위험이 있으므로 주의가 필요하다.

'신경과민'은 또 하나의 문제를 만든다. 주변의 시선이나 목소리 같은 것에도 민감해지며, 그것을 필요 이상으로 자신과 연관 지어 생각한다. 즉 '자의식 과잉' 상태이다. 이렇게 모든 것을 자신과 연관 짓는 상태에서는 시선이나 목소리 모두 자신에게 집중된다고 생각하고, 공격과 조롱을 당한다고 부정적으로 받아들이기 쉽다.

실제로는 본인이 과민하기 때문에 주변의 의미 없는 시선까지 '자신을 노려본다'고 느껴, 있지도 않은 적대감을 의식하고, 그렇게 자기 자신이 만들어낸 환영과 싸우는 것이다. 끊임없는 감시나 공격에 노출되어 있다고 느끼면 큰 스트레스를 받는 만큼 자신을 지키려고 반격(실제로는 선제공격)하게 마련이다.

이런 악순환을 끊기 위해서는 주변 사람들이 모두 나를 주시하고 있다는 생각을 억제해야 한다. '생각보다 훨씬 더 사람들은 나에게 신경 쓰지 않아'라며 자신을 잘 타이르는 것이 중요하다. 그리고 실제로 인간이란 자신이 어떻게 보일지 걱정하면서도 자신 이외의 사람에게는 그다지 관심이 없는 것이 현실이다.

내가 싫어하는 그 사람을 해부한다

추측이나 확대해석을 멈추고 객관적인 사실만을 정리하는 작업
에 집중해보자. 우선 나에게 직접적인 해를 끼치는 부분과 그렇
지 않은 부분으로 나눠보면 내가 왜 그 사람을 싫어하는지가 명
확해진다.

이를테면 상사가 점점 싫어져서 인간 알레르기가 막 시작되려
한다고 치자. 나의 감정을 이대로 방치해두면 상사에 대한 인간
알레르기는 언젠가 전체로 확대되어 상사의 모든 것을 받아들이
지 못하게 되고 만다. 그러면 함께 일하는 것, 같은 공간에 있는
것 자체만으로도 엄청난 스트레스를 받게 되고, 이것이 상사의
마음에도 그대로 전달되어 사이가 매우 어색해지고 만다. 심하면
모든 인간을 믿지 못할 뿐만 아니라 자신감 상실, 인생에 대한 절
망으로 점점 확대·악화된다.

그렇게 되지 않으려면 내가 도저히 받아들일 수 없는 점, 그럭
저럭 받아들일 수 있는 점, 좋은 점(나에게 도움이 되는 점), 이 세
가지를 분명히 구별해보고 내가 그 사람의 어떤 점에 불편함을
느끼는지 명확히 밝히는 것이 효과적이다.

그러기 위해서는 우선 상사의 말과 행동을 기록해야 한다. 그다음 세 가지 부분으로 나누어 내용을 살펴봐야 한다.

【회사의 발전보다 보신이 중요한 상사】

구니아키 씨(가명)는 상사와의 갈등 때문에 무기력과 절망감, 강한 인간 불신에 빠졌다. 우울증 증세가 조금씩 회복될 즈음에 상사에 대해 다시 생각해본 결과는 다음과 같다.

- 좋은 점
  기본적으로 성품이 온화하여 화를 내거나 흥분하는 일은 좀처럼 없다.
- 그럭저럭 받아들일 수 있는 점
  이기적이고 자신만 편하면 괜찮다. 타인의 감정을 잘 알아채지 못하고 무신경한 말을 툭툭 던진다. 소심하고 조심성이 많으며 무엇보다 자기 몸을 지키는 데에 연연한다.
- 도저히 받아들일 수 없는 점
  자기는 똑바로 일하지 않고 노닥거리는데 내 일을 도와주지는 못할망정 방해만 한다.

구니아키 씨는 자신이 열중했던 프로젝트를 상사 때문에 망치고 말았다. 상사가 그냥 놀거나 자기 몸을 지키는 데 우선했다면 그냥 모른 체할 수도 있다. 그러나 자신이 심혈을 기울여 진행하던 프로젝트가 상사의 소심함과 질투심 때문에 망가지는 사태에 이르자 더 이상 참을 수가 없었다. 회사의 발전보다는 보신(保身)밖에 모르는 상사. 가장 우선해야 할 가치관의 결정적 차이가 상사를 이물질로 느끼게 만들었고, 결국 강한 인간 알레르기 반응을 일으켰던 것이다.

구니아키 씨는 그렇게 과거를 돌아보는 도중 자신이 모든 것에 절망하고 인간을 믿지 못하는 것은 과민 반응이며, 상사의 좀스러운 마음을 용서할 수 없었을 뿐이라는 사실을 깨달았다. 그리고 자신이 타협할 수 없었던 것도 '온전한 나'로 존재하고 싶은 인간의 필연적인 반응이었다고 이해하게 되었다.

그는 더 이상 상사의 지시를 받으며 일할 수 없다는 결론에 도달했고, 자신이 주변 사람들과 잘 섞이지 못하는 이상한 성격이 아닐까 하는 의심에서도 벗어났다. 그는 부서 이동을 자원하여 새로운 곳에서 일하는 방향으로 마음을 고쳐먹자 다시 기운을 차릴 수 있었다.

이 사례처럼 자신의 사고방식에 대한 근본적인 회의감이 들게 되면 인간 알레르기가 발동할 때가 있다. 이때는 그냥 참고 타협하면 되는 게 아니다. 차라리 자신에게 더 맞는 환경이나 사람을 찾아 나서는 편이 낫다. 그러나 과민 반응으로 인간 알레르기가 몸과 마음 전체로 퍼지는 것은 막아야 한다. 단 거부 반응이 일어나는 핵심적인 메시지에는 귀를 기울이고 속뜻을 헤아릴 필요가 있다.

우리는 과거의 망령에 조종당하고 있다

내가 왜 그 사람을 싫어하는지, 즉 이물질의 실체가 뭔지 점점 수사망을 좁혀가다 보면 과거에 그 이물질과 유사한 사례가 없는지부터 돌아보게 된다. 이미 어떤 특정 유형의 사람에게 알레르기 반응을 경험하면 이후에 그와 같은 유형의 사람을 만났을 때 똑같은 알레르기 반응이 되살아나기도 한다.

앞에서 서술한 부스터 효과 때문에 접촉 기간이 짧더라도 강한 거부 반응이 생겨나기 쉽다. 따라서 지금까지 살아오면서 가족이나 가까운 어른, 친구들 중에 어떤 유형의 사람이 불편했는지를 돌아보면 내가 어떤 사람에게 인간 알레르기를 일으키는지를 가늠해볼 수 있다.

그 사람의 어떤 특징이 이물성을 유발하여 나를 고통스럽게 했는지만 알아낸다면 그 근본적인 이유에 좀 더 가까이 다가갈 수 있다.

이를테면 상사와의 갈등으로 우울해진 구니아키 씨의 사례를 살펴보자. 그의 아버지는 알코올중독자로 폭력을 일삼으며 제대로 일도 하지 않았다. 대신 수동적인 성격의 어머니가 홀로 일하며 그의 학비를 대기 위해 갖은 고생을 다했다. 그에게 아버지의 이미지란 자신과 어머니를 괴롭히는 존재일 뿐이었던 것이다.

상사에 대해 다시 생각해보던 구니아키 씨는 내가 묻기도 전에 "그 사람이 저희 아버지와 비슷한 점이 많다는 걸 깨달았어요"라고 말했다. 그는 늘 마음속에 '왜 아버지는 제대로 일도 안 하면서 내 인생을 방해만 할까' 하는 반발심을 품고 있었던 것이다. 구니아키 씨는 결코 아버지 같은 사람은 되지 않겠다며 열심히 공부해 일류 기업에 취직했다. 그렇게 살아온 그의 앞에 또다시 아버지의 망령 같은 존재가 나타나 자신을 방해했을 때, 그는 상대가 상사인 것도 잊은 채 폭발해버리고 말았던 것이다.

과거에 방치되거나 학대받은 체험, 혹은 존중받지 못했던 기억이 고스란히 남아 있는 사람, 즉 자신을 힘들게 했던 상대에 대한 인간 알레르기의 잔해가 기억 속에 있는 사람은 비슷한 상황에 처하는 것만으로도 알레르기 반응을 일으키고 만다. 그런 마음의 구조를 이해하면 무의식중에 과거의 망령으로부터 조종당할 위험 부담을 줄일 수 있다.

이유를 아는 순간, 마음이 편해진다

폭력을 휘두르는 남편을 이물질로 느꼈다고 치자. 남편의 폭력이 강한 반발심과 혐오감을 일으켜 알레르기 반응이 나타난다. 그런 사내를 '가정 폭력 남편'이라고 정의 내리며 비난하는 것만으로는 근본적인 문제가 해결되지 않는다.

가정 폭력의 가해자는 대개 자기 자신도 학대를 받고 자랐다. 인간 알레르기를 지닌 채 과거의 망령에 휘둘리는 경우도 많다. 아내가 '가정 폭력 남편'을 거부하는 방법은 인간 알레르기에 인간 알레르기로 대항하는 것뿐이다. 둘 모두 진심으로 다가서는 일은 어려우며, 관계를 끝내는 방향으로 갈 수밖에 없다.

만약 다시 한 번 관계를 구축하려는 경우나 아이가 있어서 이혼한다 해도 관계를 계속 유지해야만 하는 경우라면 그때 정말 필요한 것은 가해자가 안고 있는 인간 알레르기의 근본적인 이유를 이해하고 개선하는 일이다.

남편이 그런 행동을 하는 심리적 배경을 제대로 파악할 수 있다면 남편은 '가정 폭력 남편'이라는 알레르겐보다 훨씬 더 고운 성분으로 분해되어 더 이상 감정적인 거부 반응의 대상이 아닌 존재로 바뀐다. 대개의 경우에는 피해자도 인간 알레르기를 가지고 있는 경우가 많다. 두 종류의 인간 알레르기가 서로 반응한 결과가 가정 폭력으로 나타나는 경우도 적지 않다. 따라서 부부가 함께 협력하고 치료하려는 의지가 있다면 비교적 쉽게 관계를 개선할 수 있다. 한편 자신이 피해자라는 시각에 사로잡혀 상대 방만 노력해야 하는 문제로 파악하면 해결하기가 쉽지 않다.

가정 폭력뿐만 아니라 인간 알레르기의 대상이 되는 인물이나 그 행위의 배경을 이해할 수 있으면 더 넓은 관점에서 자신의 신 변에 일어난 일을 받아들이게 될 것이다. 안 그래도 불쾌한데 그 런 성가신 일까지 신경 쓰고 싶지 않다고 생각할 수도 있다. 하지 만 심리적 배경을 이해하게 되면 자기 자신에 대해서도 훨씬 더 편해질 수 있다.

평생 반려자로 계속 남고 싶다면 자신들이 안고 있는 진정한 문제와 마주하고, 그것을 극복하기 위해 나서야 한다. 시련을 극 복함으로써 새로운 가치와 의미를 깨닫는 사람도 있을 것이다. 또한 위기를 기회로 바꾸는 역전의 기적도 일어날 수 있다.

공감 능력과 자기 성찰

인간 알레르기를 예방하고 또 극복하기 위해서는 두 가지 열쇠 가 필요하다.

하나는 공감 능력이다. 단순히 상대방에게 동조하는 것이 아 니라 상대방의 입장에 서서 마음을 헤아리는 능력이다. 공감 능력이 약하면 상대방의 사정이나 기분을 알아채기 어렵고, 자신의 처지나 불이익만 생각하고 만다.

또 하나는 자기 성찰이다. 자신을 돌이켜봄으로써 언뜻 상대방의 문제로 보이는 것도 자신의 문제로 생각할 수 있다. 그것이 행동 개선으로 이어져 원만한 인간관계를 맺는 데에도 도움을 준다. 자기 성찰이 부족하면 상대방이 잘못을 지적했을 때 자신을 공격한다고 받아들인다. 공격하는 사람은 적으로 판단해 복수하려고 반박하거나 적반하장의 태도를 보이기도 한다. 솔직히 반성하지 못하므로 행동 개선도 할 수 없고 마찰만 늘어난다.

상대방은 그저 도움을 주고 싶어 조언했던 것뿐일지도 모르고, 참다못해 시정을 요구하는 것일 수도 있다. 상대방의 말을 긍정적으로 받아들여 행동을 바꾸면 상대에게 신뢰를 얻을 수 있다. 그러면 좀 더 균형감 있고 지속적인 관계로 발전할 수 있을 것이다.

또한 자신을 다시 돌이켜보길 바란다. 뭔가 계획에 어긋나는 일이 생겼을 때 당신은 상대방의 입장에 서서 생각하는 편인가, 아니면 상대방이 그렇게 나온다면 자신도 똑같이 해주겠다고 생각하는 편인가? 누군가가 잘못을 지적했을 때 순순히 받아들이고 스스로를 개선하려고 하는 편인가, 아니면 잘 알지도 못 하면서 쓸데없이 아는 척한다고 화를 내는 편인가? 당신은 어느 쪽인가?

만약 당신이 후자라면 공감 능력이나 자기 성찰이 부족하기 때문에 인간 알레르기를 일으키고 쓸데없는 마찰을 만들고 있는 지도 모른다. 공감 능력과 자기 성찰은 수레의 두 바퀴처럼 연결되어 있다. 뇌 구조만 해도 두 기능을 담당하는 뇌의 영역은 인접해 있으며, 이 둘은 신경 섬유 네트워크에 의해 밀접하게 연결되어 있다. 또한 상호 기능적인 연합체를 형성한다.

실제로 이 두 가지 능력은 평행한 관계라고 알려져 있다. 공감을 잘하고 상대방의 입장을 배려할 수 있는 사람은 자신을 돌아보는 힘도 뛰어나다. 반대로 공감 능력이 부족한 사람은 자기 성찰도 부족하다. 그래서 불쾌한 체험을 하면 자신을 공격하는 거라고 받아들인다. 또한 자신의 주장이나 생각에 얽매여 완강하게 변화를 거부한다. 그리고 타인이 싫다, 나랑 안 맞는다, 방심할 수 없는 적이다, 라고 마음속으로 되뇌며 인간 알레르기를 더욱 강화하고 만다.

그러나 똑같은 체험을 하더라도 그다지 상처받지 않고 상대와의 신뢰 관계를 더욱 공고히 다질 수도 있다. 그 열쇠는 상대방의 입장을 배려하고 자신을 돌보는 힘이 쥐고 있다. 바꿔 말하면 솔직하고 부드러운 마음을 가졌다고 할 수 있다.

인간 알레르기를 극복하기 위해서는 자신을 돌아보는 동시에 상대방의 사정이나 마음을 상대방의 입장에서 생각하는 습관을 평소부터 들여야 한다. 그것을 효과적으로 실천하기 위해서는 글을 쓰거나 정리하는 일이 도움이 될 것이다. 또한 누군가에게 들려주고 대화하면서 정리하는 것도 유용한 방법이다.

누구와도 잘 지내려 하지 않는다

알레르기는 참으면 괜찮아지는 것이 아니다. 오히려 참으면 참을수록 사태가 악화되는 게 보통이다. 꽃가루 알레르기에 걸리고 나서도 꽃가루와 계속 접촉하면 증상이 심각해져서 일상생활마저 곤란해지고 만다.

꽃가루 알레르기에 걸렸을 경우 꽃가루와 접촉하지 않는 게 가장 빠른 처방이듯 인간 알레르기가 생긴 경우에도 알레르겐인 사람과의 접촉을 줄이는 게 첫 번째 방법이다.

이렇듯 거리를 두는 것이 기본적인 처방이므로 같은 부서의 동료나 부하, 상사에게 인간 알레르기가 생기려고 한다면 그 증상에 대해 재빨리 호소하여 부서 이동 등을 요청하는 편이 좋다.

중요한 것은 지금 일어나는 거부 반응이 자신의 과민 반응 때문인지, 아니면 본질적인 가치관과 생활 방식이 도저히 맞지 않는 것인지를 파악하는 일이다. 전자의 경우, 상대가 바뀌어도 또다시 똑같은 일이 생기기 때문에 오히려 그 점을 극복해야 한다. 그러나 후자의 경우, 참지 말고 거리를 두는 방법을 생각하는 편이 좋다.

Ⅱ 알레르기 억제 시스템 강화법

내가 믿고 나를 믿어주는 사람의 존재

지금까지는 싫어하는 사람을 필요 이상으로 이물질로 받아들이는 사고방식을 어떻게 하면 고칠 수 있는지에 대해 이야기했다. 이제는 인간 알레르기를 극복하는 또 한 가지의 접근법에 대해 이야기하려고 하는데 그것은 인간 알레르기 억제 장치를 활성화하는 것이다. 그렇다면 억제 장치란 무엇일까? 바로 애착 관계가 그것이다. 내가 믿는 사람, 나를 믿어주는 사람의 존재는 그 사람의 삶에 지대한 영향을 미친다. 그런 사람과의 애착 관계가 돈독해질수록 인간 알레르기는 가라앉는다.

최근에 나는 이것에 착안하여 실제 치료법으로도 이용하고 있다. 어떻게 하면 편안한 애착 관계를 만들 수 있을까? 이때 관건이 되는 것은 '안전 기지'의 회복이다. 안정된 애착 관계는 안전 기지로서 기능한다.

안전 기지란 그 사람의 안전을 위협하지 않고, 원할 때 손을 뻗어주는 따뜻한 어머니 같은 존재이다. 여기에서 중요한 것은 '다정함'이다. 애착을 담당하는 옥시토신 시스템을 활성화하는 것은 엄격함과 공격이 아닌 다정함과 보살핌이기 때문이다.

인간 알레르기가 발동하면 엄격함과 공격성만이 점점 심해져 사태가 악화된다. 그러나 '다정함'을 되찾을 기회가 있으면 사실이 악순환의 고리를 끊을 수 있다. 예를 들면 3장에 소개했던 '두 얼굴의 신입 직원'의 사례인데(114쪽 참조), 인간 알레르기가 한계에 도달했을 때 기미코 씨가 직장에서 아팠던 적이 있다. 그때 그녀를 걱정해주고 따뜻하게 보살펴준 사람이 바로 그 문제의 신입 직원이었다. 그러자 그 신입 직원에 대한 이물감은 사라지고 우호적인 관계를 회복했다. 좀 더 뒤틀린 심각한 사례에서도 이 장치를 잘 이용하면 인간 알레르기를 개선할 수 있다. 그 사례로 내가 시행한 방법을 소개하고자 한다.

인간 알레르기를 일으키는 사람은 마음에 상처를 입어 마음의 표면이 거칠어진 상태이다. 그럴 때는 누구에게나 이물감이 생겨 마찰이나 충돌이 늘어난다. 이를테면 직장에서 생긴 문제처럼 보이지만 사실은 버팀목이 되어주는 부모와 파트너와도 삐걱거리는 경우가 많다. 그렇다면 이때 어떻게 해야 한단 말인가.

나는 힘들어하는 본인 스스로와 신뢰 관계를 쌓는 동시에 버팀목이 되어줄 만한 사람에게 협조를 구해 그 사람과도 신뢰 관계를 만들 수 있도록 유도했다. 그 과정에서 그 사람의 본심이 무엇인지를 알려주었다. 주변 사람들은 겉으로 나타나는 태도나 말과 행동을 액면 그대로 받아들이고, 속마음을 알아채지 못하는 경우가 대부분이다.

그것은 버팀목이 되어주는 사람도 마찬가지이다. 그 사람의 속

마음과는 전혀 딴판으로 해석하고 있는 경우도 무척 많다. 이때 속마음을 알게 해줌으로써 관계를 부드럽게 만드는 것이다.

그러자 놀라운 변화가 생겼다. 지지자와의 사이가 좋아졌을 뿐 아니라 타인과의 관계나 정서, 행동도 순식간에 개선되었다. 극적으로 좋아진 사례도 적지 않다. 버팀목이 되어주는 사람이 본인의 속마음을 알고 진심으로 관계 방식을 바꾸자 과거의 일이 우습게 생각될 정도로 변했던 것이다.

먼저 해야 할 일은 지지자에게 협조를 구하는 것이다. 이것이 안정된 애착 관계를 만드는 첫걸음이다. 치료자 역시 지지자와 신뢰 관계를 쌓고, 그가 '안전 기지' 역할을 하려면 어떻게 하면 좋을지에 대해 조언한다. 안전 기지를 확보하면 애착 관계는 좋아진다. 그 결과 인간 알레르기를 억제하는 장치가 활성화되고, 지금까지 사소한 것에 대해서도 이물감을 느꼈던 증세도 완화되어 관용을 회복하기 시작한다.

사소한 일에도 일일이 신경 쓰지 않고 관대해진다. 과민함이 누그러지므로 상처받는 일도 줄어든다. 이렇게 전반적으로 알레르기 반응이 경감됨에 따라 문제도 줄어든다. 그 변화를 주변 사람들도 환영하고, 긍정적으로 평가하거나 이해함으로써 선순환이 일어난다. 대인 관계뿐만 아니라 전반적인 생활수준 향상과 마음의 안정, 자기 긍정감의 회복에도 영향을 미친다.

이것은 탁상공론이 아니라 현실에서 일어난 변화이다.

【서로를 싫어했던 엄마와 딸】

유카리 씨(가명)는 부모에게 받은 마음의 상처가 있었다. 부모와 함께 지내는 게 아무래도 무리라는 사실을 깨닫고 20대 후반부터 10년 정도 부모를 떠나 살았다. 그러나 아버지가 병으로 쓰러지자 갑자기 마음이 약해졌다. 화해하지 못한 채 영영 작별하면 어쩌나 하는 생각 때문이었다. 그래서 큰 결심을 하고 부모 곁으로 돌아갔다. 그러나 그녀는 얼마 안 가 그것이 완전한 오판이었다는 사실을 깨닫는다. 떨어져 사는 동안은 부모와의 관계를 조금 냉정하게 생각할 수 있었지만, 함께 살게 되자 잊고 있었던 위화감과 괴로움이 순식간에 되살아났다.

둔감하고 부정적인 말투를 쓰는 부모님의 모습을 보니 과거의 싫었던 기억이 하나둘 떠올라 유카리 씨의 마음을 할퀴었다. 그녀는 왜 그때 그런 짓을 했느냐고 어머니한테 따졌고, 어머니는 왜 자식한테 그런 말을 들어야만 하느냐고 화를 냈다. 그때는 나름의 사정이 있었다는 둥, 옛날 일을 들춰내 뭐 좋을 게 있느냐는 둥 요리조리 대답을 피하는 어머니에게 그녀는 더욱 공격적이 되었다.

결국 유카리 씨가 부모와의 관계를 어느 정도 극복했다고 생각한 것은 거리를 둠으로써 알레르겐에 대한 접촉을 줄인 결과일 뿐이었던 것이다. 함께 살게 되자 부모에 대한 인간 알레르기가 다시 생겼다. 게다가 부스터 효과로 극히 짧은 기간 동안 격렬한 거부 반응이 일어났다.

유카리 씨는 상담하러 올 때마다 부모에 대한 부정적인 마음을 털어놓았다. 부모가 어떻게 자신의 마음을 짓밟았는지 이야기했다. 부모 때문에 자신의 인생이 완전히 실패했다며 풀 길 없는 분노를 이야기하는가 싶더니, 부모가 하는 모든 일에 혐오감을 느끼며 그 행동 하나하나를 비난했다. 그야말로 '너무너무 싫은 상태'라고밖에는 말할 수 없는 지경이었다.

하지만 그 미움은 부모의 사랑을 원하기 때문이라는 점도 명백했다. 사랑을 원하는데 기대에 어긋나는 반응만 돌아오자 분노했던 것이다. 그런 정신 상태로는 일이 잘될 리도 없어서 유카리 씨는 더욱 애만 태웠다.

나는 그 상황을 타개하기 위해 어머니에게 협조를 구했다. 어머니도 딸에게 어떻게 대응하면 좋을지 몰라 고민하고 있었다. 딸과의 불편한 상황을 어떻게든 고쳐보고 싶었던 것이다. 그래서 어머니에게 유카리 씨가 어떤 마음으로 집에 돌아왔는지 그녀를 대신해서 말해주었다. 어머니는 딸의 속마음을 들으면서 눈물을 흘렸고, "제가 너무 엄하게만 대했나 봐요" 하며 지난날을 돌아보았다. 그리고 "사실은 다정한 아이란 거 알고 있어요. 하지만 그 아이가 자꾸 뭐라고 하면 저도 모르게 화를 내게 돼요" 하고 덧붙였다.

그러고 나서 며칠 후, 이번에는 유카리 씨가 찾아왔는데, 그녀는 마치 딴사람이 된 것처럼 그늘이 전혀 없는 얼굴에 평화로운 표정을 짓고 있었다. "처음으로 부모님과 잘 지내고 있어요"라는 말과 함께 "엄마랑 같이 집안일 하는 게 재미있어요"라고도 했다. 얼마 지나지 않아 유카리 씨는 "부모님이랑 힘들었던 점은 이제 다 극복한 것 같아요. 예전에 섭섭했던 행동도 이제는 별로 생각이 안 나요. 그냥 이제부터는 앞으로 어떻게 할 건지만 생각하고 싶어요"라고 말했다.

이렇듯 격렬한 거부 반응이 나타나는 근본적인 원인은 뭔가를 바라는 마음이 있기 때문이다. 그러므로 중재만 잘 한다면 관계를 회복하는 것은 별로 어렵지 않다. 애착 관계가 안정되고 안전 기지를 확보하면 인간은 가만 놔두어도 앞을 향해 나아간다.

왜 자꾸 엇갈리는 걸까?

이와 같은 상황은 부모 자식 관계뿐만 아니라 부부나 파트너 관계에서도 자주 생긴다. 원하는 게 있기 때문에 분노하고 거부하는 것이다. 그런데 관계의 첫 단추를 잘못 끼운 것도 모른 채 영원히 결별한 채 살아가는 사람들도 많다.

【왜 남편은 어느 날 갑자기 연락을 끊었을까?】

에미코 씨(가명)가 사법 시험 재수 중인 다쿠마 씨(가명)를 만난 것은 서른여섯 살 때였다. 한 번 결혼에 실패한 경험 때문에 연애하는 데 겁이 났지만 다쿠마 씨는 여덟 살이나 연하였기 때문에 가벼운 마음으로 동생처럼 대하며 친하게 지내게 되었다. 그러다 보니 다쿠마 씨는 에미코 씨를 좋아하게 됐고, 그녀도 그의 순수한 모습에 끌려 어느새 떨어질 수 없는 연인 사이가 됐다. 에미코 씨는 동거하다시피 하며 다쿠마 씨를 보살폈다.

그로부터 2년 후 다쿠마 씨는 어려움을 극복하고 그토록 바라던 변호사가 되었다. 늘 그날만을 고대했던 에미코 씨였지만 그가 합격하자 마음속에는 새로운 불안감이 싹텄다.

'여덟 살이나 연상인 내가 앞날이 창창한 다쿠마 씨의 족쇄가 되지 않을까? 그가 날 짐으로 생각한다면 지금이 헤어질 때가 아닐까?'

그녀는 이런 생각 끝에 "나 이제 어떻게 해야 하지?" 하고 내뱉듯 그에게 물었고 그는 "우리 이제 같이 살자" 하고 대답했다.

그가 끈질기게 설득하자 반대하던 부모님도 마지못해 허락했고, 마침내 두 사람은 결혼에 골인한다. 하지만 결혼 생활은 결코 평탄치 않았다. 다쿠마 씨는 성실하고 열정적이어서 의뢰인들 사이에서는 신뢰가 두터웠지만 동료나 상사들은 도가 지나치다며 멀리했다.

너무 직설적이고 타협을 모르는 성격 때문에 변호사 사무실의 방침과도 자주 부딪쳤다. 그럴 때도 에미코 씨는 세상 물정 모르는 남편에게 먼저 다가가 조언해주고 대처 방법을 알려주었다. 그 말이 효과가 있었는지 몇 번인가 직장을 옮긴 후 두 사람은 비로소 안정된 생활을 하게 되었다. 그녀는 거실에서 남편과 와인을 마시며 대화하는 게 무엇보다 즐거웠다.

에미코 씨의 아버지가 뇌경색으로 쓰러진 것은 바로 그때였다. 다행히 목숨은 건졌지만 누군가의 간호를 받아야만 했다. 어머니 혼자 감당하기에는 힘들었기 때문에 에미코 씨도 일주일에 절반 이상을 친정에서 보내게 되었다. 그전까지는 한 번도 남편과 떨어진 적이 없었는데 그때부터 남편은 홀로 방치된 꼴이 되어버렸다.

또한 시간이 지나면서 아버지의 상태가 점점 나빠지자 나중에는 거의 대부분의 시간을 친정에서 보내게 되었다.

그래도 다쿠마 씨는 별다른 불평도 하지 않았고 오히려 협조적이기까지 했다. 아침저녁으로 꼭 전화 통화를 했으므로 마음이 멀어진 것 같다고 느끼지도 않았다. 1년 이상을 그렇게 생활하던 어느 날, 다쿠마 씨는 아내에게 전화로 뜻밖의 이야기를 꺼냈다.

"자기 내 말 들으면 깜짝 놀랄걸."

이렇게 말하는 그의 목소리가 평소와 달리 들떠 있어서 무슨 일인가 싶었는데 그의 말인즉슨, 에미코 씨의 친정이 있는 오사카로 변호사 사무실을 옮기려고 한다는 것이었다. 갖은 고생을 하며 겨우 지금의 위치까지 올랐는데 그 자리를 내팽개치려는 남편의 생각에 위기감을 느낀 에미코 씨는 그 순간, "자기 지금 무슨 소리야! 변호사회 등록 지역을 옮기는 것부터 해서 고생할 게 뻔한데!" 하며 날카롭게 반박했다.

아내를 위해 고심 끝에 그런 결론을 내렸던 다쿠마 씨는 상상조차 하지 못했던 반응에 몹시도 당황스러웠다. 그는 "알았어. 그만하자"며 전화를 끊었지만 다음 날 아침에도 아내에게 연락을 하지 않았다. 에미코 씨는 자신이 너무 심하게 말한 것 같아 사과하려고 전화했지만 그는 받지 않았다. '나를 생각해서 그런 결정을 내린 건데 내가 말을 너무 심하게 했지. 미안해'라는 이메일을 보냈지만, 거기에도 답장은 없었다. 이런 싸움은 예전에도 몇 번 있었다. 하지만 일주일도 안 돼서 풀어졌으므로 에미코 씨는 대수롭지 않게 여겼다.

하지만 일주일이 지나도 남편에겐 아무런 연락이 없었다. 예전과는 느낌이 좀 달라서 불안한 마음에 집으로 돌아가보니 남편의 짐은 이미 다 없어졌고 메모지 한 장만이 남아 있었다.

'이혼하고 싶다.'

거기에는 이 한 문장만 적혀 있었다. 남편의 체면을 생각해 직장에는 한 번도 찾아간 적이 없었다. 연상의 마누라가 눈치 없이 찾아

가면 남편도 싫어할 거라고 생각했던 것이다. 하지만 그럴 때가 아니었다. 찾아간다고 해도 쉽게 만나주지 않을지도 모른다. 작전을 세운 에미코 씨는 가명을 써서 의뢰인으로 면담을 신청했다. 아는 사람으로부터 소개받았다며 남편을 지명해 면담 약속을 잡았다.

그날 안내받은 사무실의 작은 방에서 기다리고 있으니 남편이 나타났다. 한 달 반 만에 만난 것이다. 다쿠마 씨는 '의뢰인'이 아내라는 걸 알고 주춤했지만 "당신이랑 진심으로 이야기하고 싶어"라는 말에 마지못해 소파에 앉았다. 하지만 아내가 무슨 말을 하든 다쿠마 씨는 끝내 굳은 표정으로, "내 생각은 변함이 없어. 자기랑은 더 이상 결혼 생활을 할 의미가 없어"라며 에미코 씨의 애원을 뿌리쳐버렸다.

헤어질 때는 쓰러진 장인을 걱정하며, "자기도 건강하길 바랄게"라는 다정한 말을 건넸지만, 그 말투에는 어딘지 모르게 공허한 울림이 있었다.

그 후에도 다쿠마 씨가 집으로 돌아올 기미는 보이지 않았고, 에미코 씨가 불안해서 연락해도 감감무소식이었다. 누군가 좋은 사람이라도 생겼나 생각했지만 다쿠마 씨는 사무실 근처 원룸에서 혼자 살고 있는 것 같았다. 오로지 에미코 씨와의 관계만 끊고 싶어 하는 눈치였다. 대체 어디서부터 뭐가 잘못되었을까? 왜 이렇게까지 미움받게 된 걸까? 에미코 씨는 어찌할 바를 몰랐다.

이런 반응은 기본적으로 애착에 상처를 받아서 생긴 양가형 반응이다. 상대를 원하고 상대에게 의존하기 때문에 그 존재로부터 무시당하는 듯한 취급을 받으면 용서할 수 없는 감정이 생긴다. 분노와 거부로 상대방을 곤란하게 만들어서 자신의 상처 입은 마음을 똑같이 맛보게 해주려는 것이다. 상처받았다는 생각이 강할수록 분노나 거부의 반응도 격렬해진다.

유아나 어린아이라면 전면적으로 부모에게 의존하므로 설령 양가형 반응을 일으켰다 해도 오래 지속하지는 않는다. 잠시 토라지거나 반항하기는 해도 어리광 부리고 싶은 욕구가 더 앞서, 오래지 않아 마음이 풀어진다.

그러나 청년기에 들어설 무렵에는 어느 정도 자립 능력이 높고 부모에게 의지하지 않아도 살 수 있으므로 그만큼 거부 반응이 오래가기도 한다. 지인의 집에 잠시 머물거나 가출하는 경우도 있다. 대개는 며칠 만에 돌아오지만 때로는 1년 넘게 어딘가로 가버리기도 한다.

청년기를 지나면 아무리 애착하고 정신적으로 의존하던 상대가 곁에 없다고 해도 하지 못할 일은 없다. 분노가 강해 떨어져 살며 상대방을 거부한 채 헤어지는 경우도 있다. 그리고 떨어져 살게 되면 탈애착 현상이 일어나 더 이상 의존하지 않게 될 때도 있다.

원할수록 원망하는 사람과 친해지는 방법

양가형 반응이 생후 1년 6개월 시점에서 이미 나타난다는 사실은 앞에서도 서술했다. 자신을 잠시 방치해둔 어머니가 돌아오면 격렬한 분노를 보이며 안아주려 해도 저항한다. 이런 반응은 어머니가 충분하고 안정된 애정을 쏟지 못했을 때 자주 일어나곤 한다.

애정이 일정하게 주어지지 않았거나 어떤 사정으로 한때 잠시 애정이 부족한 경우에도 마찬가지이다.

양가형 반응은 바꿔 말하면 심술궂은 반응이라고도 할 수 있다. 솔직하게 마음을 드러내지 않고, 어느 부분에서는 본심과는 반대되는 행동을 하고 마는 것이다. 좀 더 나이 많은 아이에게도, 때로는 어른에게도 나타나지만 이런 반응은 애정이나 관심이 부족하다는 점을 가르쳐주는 중요한 징후이다.

그런데 심술궂은 반응을 진지하게 받아들이면 '친절하게 대해주려는데 왜 짜증을 내는지 모르겠다', '억지만 부려서 나를 곤란하게 만들 뿐이다'라는 생각에 화가 치민다. 그래서 감정적으로 반발하고, 상대방을 나무라면 서로의 분노가 정면충돌하고 만다. 그런 사태가 반복되는 가운데 '내 마음도 몰라준다', '이해할 수 없다'고 서로 감정의 골이 깊어지면 심리적인 거부 반응과 거절이 점점 강해진다. 그런 의미에서도 양가형의 반응을 이해하고 적절히 대처하는 것이 심리적인 알레르기를 막고, 관계의 파국을 예방하는 열쇠가 된다.

당신은 평소와 다름없이 이야기하는데, 상대가 험상궂은 말투로 반박하거나 솔직하지 않은 반응을 보이거나 억지를 부릴 때는 양가형 반응이 일어났다고 생각하는 편이 좋다. 모순되거나 앞뒤가 맞지 않는 말을 하는 것은 양가형 반응의 큰 특징이다. 양가형인 사람은 일반적으로 A는 A이면서 A가 아니라고 생각하는 경향이 있다. 분노가 사랑으로 변하거나 사랑이 분노로 변하는 경우도 늘 일어나는 일이다.

양가형 반응은 상대방을 원하기 때문에 나타난다. 따라서 심하게 잘못된 대응만 아니라면 자연히 원래대로 돌아온다. 그런데 인간 알레르기 단계로 발전하면 분노나 거부 상태가 집요하게 변해 사랑한다는 순수한 마음으로 돌아갈 수 없다. 가능하면 인간 알레르기 단계로 더 나아가기 전에 관계를 회복해야 한다. 그와 동시에 다시 똑같은 일로 충돌하지 않도록 서로 관계를 바로잡아야 할 필요가 있다.

양가형 반응이 나타나는 근본적인 원인은 애정을 원하는 마음 때문이다. 애정 부족을 느끼면 '나는 하찮다', '나만 괴롭다'는 부정적인 감정에 빠지고, 그것이 분노를 낳는다. 따라서 양가형 반응을 보이는 사람과 만났을 때는 모순점을 지적하거나 질책하지 말고, 부드럽고 친절하게 대해야 한다. 그들이 거부하거나 상처받을 만큼 심한 말을 할 수도 있지만 거기에는 개의치 말고 처음처럼 큰 사랑으로 감싸 안아야 한다.

앞에서 본 커플의 경우도 에미코 씨가 변함없는 사랑을 전하고, 남편의 마음을 무시했던 잘못을 진심으로 사과함으로써 다쿠마 씨도 순수한 마음을 되찾아 관계를 회복할 수 있었다. 지금은 예전보다 더 행복하게 살고 있는 듯하다.

자기애 전이의 효능

사실 인간 알레르기를 억제하는 과정에서 또 하나 염두에 두어야만 하는 메커니즘이 있다. 바로 자기애 전이다.

면역이란 자기가 아닌 것을 배제하는 장치이다. 즉 자기와 동일시하면 이물질로 인식되는 것을 피하고, 알레르기 반응도 억제된다. 앞서 말했듯이 자기애 전이에는 두 가지 유형이 있다. '거울 전이'는 상대방을 자신과 동일한 존재로 여기는 것이고, '이상화 전이'는 상대를 자신의 이상형으로 숭배함으로써 그 사람과 동일시하는 것이다. 이상화 전이에도 역전이가 일어난다. 상대가 자신을 이상화하고 숭배하면 자신의 가치를 누구보다 이해해주는 그 존재에게 이상화로 응답한다.

어렸을 적 자기애를 충족하지 못한 채 자란 사람은 자기애 전이 때문에 존경과 칭찬, 봉사를 하는 것을 최대의 만족이자 힘의 원천으로 삼는다. 자기애성 인격 장애인 사람이 애인을 필요로 하는 경향이 많은 이유는 이런 메커니즘 때문이며, 애인으로부터 열렬한 찬사와 지지를 받을 때 그 사람은 자기 능력의 최대치를 발휘할 수 있다.

그런데 애인이 아내가 되고, 존경과 칭찬에 싫증이 나면 이상화 전이의 마력은 그 빛을 잃는다. 그러면 꿈에서 깨듯 전이 대상은 평범한 사람으로 돌아간다. 그렇게 되면 그동안 자기애 전이로 억제되어 있던 면역 반응이 고개를 쳐들면서 상대방을 이물질로 인식하게 되어 격렬한 인간 알레르기 반응이 일어난다. 그러니 양가형 애착 성향과 좋은 관계를 지속하기 위해서는 끝없는 칭찬과 봉사를 게을리해서는 안 된다. 애착의 개념을 과학적으로 증명한 심리학자 해리 할로와 부인들의 일화가 바로 그 사실을 뒷받침하는 사례이다.

【상찬의 거울로 존재하지 못하게 되었을 때】

해로 할로의 첫 번째 부인인 클라라는 위스콘신 대학 심리학과 대학원에 다니는 학생이었다. 그곳에 신임 교수로 부임한 사람이 할로였다.

아름답고 사교적일 뿐만 아니라 탁월한 재능의 소유자였던 클라라는 다섯 살 때 윌리엄 블레이크(William Blake, 1757~1827)의 시를 애독했고, 좀 더 크고 나서는 고등학교에 다니는 언니의 수학 숙제를 대신 해줄 정도로 영특했다. 머리 회전이 빠르고 유머가 넘치며 지적인 대화를 활기차게 즐기던 이 여자 수재에게 할로는 곧바로 빠져들었다. 사회적으로는 조금 서툰 구석이 있지만 재기와 열정이 넘치는 신임 교수를 클라라도 사랑하게 되었고, 두 사람은 마침내 결혼했다.

그러나 결혼은 클라라에게 커다란 희생을 강요했다. 당시 위스콘신 대학에는 친인척을 고용할 수 없다는 규칙이 있었다. 즉 클라라가 대학원을 졸업한다 해도 남편의 연구실에서 일할 수 있는 자격이 없었다. 결국 클라라는 자신의 경력을 포기하고, 백화점 의류 매장에서 판매원으로 일한다. 여기에서도 타고난 능력을 발휘하여 고작 반년 만에 여성 의류 매장의 팀장으로 승진하지만 완벽한 듯 보이는 그녀도 단조로운 집안일만큼은 힘들어했다.

그 무렵 할로는 쥐 실험을 하고 싶었지만, 만족할 만한 연구 시설도, 경제적 지원도 받지 못해 괴로워하고 있었다. 그날도 할로는 이에 대한 불만을 털어놓았는데, 그 모습을 보다 못한 아내의 한 마디가 남편의 운명을 완전히 바꿔버린다. 클라라는 근처에 있는 동물원의 오랑우탄을 조사해보는 게 어떠냐고 조언했던 것이다. 할로의 유명한 심리 실험이 원숭이와의 만남에서 시작되었다는 점을 생각하면 클라라는 남편의 가장 강력한 지지자이자 행운의 여신이었다고 할 수 있다.

하지만 할로가 자신의 연구에 몰두해 있는 동안 클라라의 마음에는 변화가 생겼다. 둘째 아들이 막 태어난 무렵이었다. 할로의 입장에서 보자면 그는 자신의 연구가 한창 최고조에 달했을 때라 그것을 최우선으로 하고 싶었을 것이다. 한편 처음부터 집안일을 힘들어했던 클라라는 가사노동과 육아를 자신에게 전적으로 떠맡기고 일에만 매달리는 남편에게 불만이 쌓여갔다. 클라라는 이기적인 남편에게 진절머리가 났고, 할로도 아내가 더 이상 자신을 사랑하지 않는다는 걸 느꼈다. 두 사람은 거의 말 한 마디 나누지 않았고, 할로는 저녁 식사 때도 돌아오지 않은 채 거의 대부분의 시간을 연구실에서만 지냈다. 마침내 14년간의 결혼 생활은 끝을 맞이했다. 두 사람이 행복한 나날을 보낸 호숫가 집도 매각되어 재산은 두 동강이 났다.

하지만 두 사람은 그대로 고독하게 사는 것을 견디지 못했다. 특히 할로는 일에 몰두하는 것만으로는 외로움을 풀 수가 없어서 술에 탐닉했다. 이것은 이혼한 남자에게 흔한 일이다. 대학 안에서도 고립되었고 성격은 더욱 완고해지고 빈정거리는 말투가 심해졌다. 고독은 어떤 어려움보다 심신의 건강을 위협했다. 할로에게는 자신을 이해하고 꿈을 공유하며 그 실현을 지지해줄 파트너가 필요했다.

그래서 그는 곧 그 역할에 적합한 여성을 찾아냈다. 아니, 이미 그의 손안에 있었다고나 해야 할까. 대상은 그의 연구팀에서 조수로 일하던 마거릿 켄(Margaret Kuenne)이라는 서른 살의 여자였다. 마거릿은 심리학 박사 학위를 가진 재원으로 외모도 아름다웠지만 접근하는 남자를 모두 차갑게 밀쳐냈다. 자신에게 어울리는 지적인 남자를 찾고 있었던 것이다. 그녀는 할로를 존경했다. 두 사람이 서로에게 끌린 것은 필연적이라고도 할 수 있다.

하지만 이번에도 똑같은 문제가 일어났다. 친인척을 고용할 수 없다는 대학의 규정이 걸림돌이 되었다. 그래서 두 사람은 대학의 눈을 피하고자 주(州) 밖에서 몰래 결혼식을 올렸다. 그러나 얼마 되지 않아 두 사람의 관계를 대학 당국이 알게 되었고, 결국 마거릿은 클라라와 마찬가지로 대학을 그만둘 수밖에 없었다. 그렇지만 할로는 전철을 밟지 않았다. 마거릿을 개인 조수로 연구실에 잡아 두었다. 대학에서 월급을 주는 게 아닌 비공식적인 지위였기 때문에 대학도 뭐라고 하지 못했다.

할로가 편집 위원을 맡고 있던 심리학 전문지를 실질적으로 편집한 것도 마거릿이었다. 꼼꼼한 편집자였던 그녀는 상대가 할로라 해도 거침없이 요구를 쏟아냈다. 마거릿은 유능했지만 자신의 주장을 굽히지 않는 날카로운 면이 있었다. 그 점은 클라라와는 대조적이어서 할로로서는 예상치 못했던 점이었을 것이다.

상대가 누구든지 신랄하게 비판하는 성격 때문에 연구실에서 그녀의 별명은 '얼음 할망구'였다. 할로에게도 마음 편한 상대는 아니었다. 그 때문이었는지 할로는 재혼한 후에도 끊임없이 술을 마셨다.

마거릿은 천생 학자 캐릭터였기 때문에 요리나 세탁 같은 집안일을 힘들어했는데, 이 점은 클라라보다 심했다. 집 안은 항상 어질러져 있었고 먼지가 잔뜩 쌓여 있었다. 두 자녀가 태어난 후부터는 더욱 엉망이 되었다. 할로는 같은 실패를 반복하지 않겠다는 듯이 육아에도 어느 정도 협조했지만 연구실로 도망치는 일이 많았다.

다만 마거릿이 클라라와 결정적으로 달랐던 것은 자신도 학자로서 남편의 연구가 얼마나 중요한지를 이해했고, 스스로도 그 연구의 한 축을 담당했다는 것이다. 두 사람은 가장 중요한 부분에서 가치관을 공유했다. 물질적인 욕심이 없어서 멋을 내거나 맛있는 음식을 먹는 것, 사교를 즐기는 것에도 흥미가 없었다. 두 사람은 완전히 비슷한 부류였다. 할로의 이름을 세상에 알리는 데 큰 역할을 한, 애착에 대한 일련의 연구가 실시된 것은 마거릿과 함께 살면서부터였다.

마거릿은 핸디캡이 많았지만 결국 연구자로서 성장했고 이름을 알렸다. 우수한 연구자로 인정받아 다른 대학으로부터 스카우트 제의도 받았다. 하지만 안타깝게도 그녀는 병마에 시달리고 있었다.

유방암이었다. 21년 동안의 결혼 생활은 마거릿의 죽음으로 막을 내렸다. 위스콘신 대학에서 교육 심리학부 교수로 취임한 지 얼마 안 됐을 때의 일이다. 향년 쉰두 살, 할로는 예순다섯 살이 되던 해였다.

마거릿이 투병할 때부터 할로는 우울증에 시달려 입원 치료도 받았다. 그는 늘 높은 곳을 향해 노력해야 한다는 강박관념 속에서 살았다. 미국국가과학상이라는 영예를 얻은 순간에도 이제부터 자신은 폐인이 될 거라는 생각에 사로잡혀 있었다. 인생을 결코 여유롭게 즐길 수 없었던 것이다.

마거릿을 잃은 할로는 그 고독을 견디지 못했고, 헤어진 전부인 클라라를 떠올렸다. 마침 그 무렵 클라라의 두 번째 결혼 생활도 실패로 끝났을 때였다. 마거릿이 세상을 뜬 지 8개월 후 두 사람은 재혼했다. 할로는 예순여섯 살, 클라라는 예순두 살이었다.

할로가 죽을 때까지 10년도 채 되지 않는 시간을, 두 사람은 다시 한 번 공유하게 되었다.

이전의 결혼 생활에서 실패를 겪은 후 많은 것을 배운 클라라는 그 교훈을 확실히 활용했다. 할로의 연구에 참여하고, 전집을 편집하는 일도 도맡아 하며 남편과 관심사를 공유하려 했다. 할로도 역시 같은 실패를 밟지 않기 위해 클라라와 보내는 시간을 소중히 여겼다. 오랫동안 살아 익숙한 위스콘신을 떠나 신천지인 애리조나로 이주할 결심을 한 것도 클라라를 위해서였다. 겨울이 유독 추운 위스콘신에서 맑은 날이 많고 늘 여름인 애리조나로 이사한 결과 할로의 우울증은 많이 좋아졌고, 부부는 그래도 행복한 만년을 보낼 수 있었다.

인간 알레르기를 극복하는 방법

알레르기 극복법으로 잘 알려진 것이 탈감작 요법(脫感作療法)이다. 항원을 조금씩 주사하거나 먹음으로써 항원에 대한 탈감작(항원으로 여기고 이물로 인식하지 않아 알레르기 상태를 벗어나는 것)을 유도하는 방법이다. 실제로 꽃가루 알레르기를 치료할 때 쓴다.

또한 다른 알레르기라도 소량씩 경구 섭취함으로써 이물질로 인식하는 현상이 약해져, 알레르기가 생기지 않는 경우도 있다. 오래된 민간요법인데, 옻칠 장인은 옻을 조금씩 핥음으로써 알레르기를 예방한다고 한다. 소화관은 음식물이라는 이물질을 섭취하는 역할을 담당하기 때문에 이물질에 대한 확인이 피부보다 덜 까다로운 것이다.

인간 알레르기도 탈감작을 유도할 수 있다. 인간은 기본적으로 어떤 일에도 익숙해질 수 있는 생물이다. 다만 조금씩 꾸준히 익숙해지는 게 원칙이다. 초조한 나머지 결과를 서두르다 보면 격렬한 거부 반응이 나타나 오히려 알레르기가 더욱 심해지거나 극복하려는 의지 자체를 잃게 만든다.

인간 알레르기를 가진 사람도 타인과 접촉하는 동안 그것을 극복하는 경우가 있다. 다만 불쾌하기만 한 체험이었다면 그런 기적은 일어나지 않는다. 자신이 받아들일 수 있고, 자기 마음의 상처를 치유할 만한 체험을 통해 다른 사람과 어울려야 한다. 이를테면 타인에게 봉사하거나 보살피는 일들이 그렇다.

마음 편한 곳에서만 타인과 어울리는 방법도 효과적이다. 그러면 골치 아픈 생각을 할 필요도 상처받을 일도 없다. 친밀하면서도 깊은 관계는 과감히 피하고, 차 한 잔 마실 정도의 친구나 동호회 사람들과 어울리는 사이에 인간 알레르기를 극복할 수도 있다. 또한 타이밍도 중요하다. 성숙해지면 타인과 교제하는 게 그리 고통스럽지 않은 경우도 흔하다. 그 예로 앞서 언급한 시인 하기와라 사쿠타로가, 어떻게 인간 알레르기를 극복했는지 소개하겠다.

좋은 습관이 가져다준 선물

【하기와라 사쿠타로, 인간관계는 나의 기쁨】

　사쿠타로는 서른세 살 때 결혼해 딸이 둘이나 있었지만 10년 후 파경을 맞는다. 그다음 해에는 아버지가 돌아가시는 등 계속해서 힘든 일만 생기자 술만 마시고 생활은 피폐해진다. 그때 그를 지탱해준 것은 사쿠타로를 누구보다 존경하고 사랑했던 누이동생 유키였다. 그녀가 살림을 잘 꾸린 덕분에 서서히 사쿠타로는 정신을 되찾았다. 하나둘 고난을 극복하고 다시 창작과 잡지 일에 정렬을 쏟은 결과 40대 후반부터 50대 초반에 걸쳐 가장 바쁘고 뜻깊은 시기를 맞이했다.

　'하지만 내 고독증은 최근 들어 상당히 완화되기 시작했다. 무엇보다 몸이 옛날보다 좋아졌고, 신경이 조금 무뎌졌다. 청년 시절 나를 혹독하게 괴롭혔던 병적인 감각과 강박관념이 해를 거듭하며 서서히 약해졌다. 지금은 많은 사람을 만나도 갑자기 머리를 때리거나 욕을 퍼붓는, 충동적인 강박관념에 사로잡히는 일이 드물다. 따라서 사람들과 만나는 게 즐겁다. 그 누구와도 밝은 기분으로 이야기할 수 있다. 생활도 여유롭고 즐거워졌다. 하지만 그 대신 시는 나이와 함께 치졸해졌다. 즉 나는 서서히 세속적이고 평범한 사람으로 변하고 있었던 것이다. 이것이 한탄해야 할 일인지 축복해야 할 일인지 알 수가 없다. 게다가 최근 가정사도 바뀌었다. 나는 몇 년 전에 아내와 헤어짐과 동시에 아버지를 잃었다. 자식과 어머니가 남아 있지만 아무튼 내 생활은 옛날에 비해 훨씬 자유로워졌다. 적어도 가정사의 고민거리부터 끊임없이 괴롭히던 해묵은 감정이 모두 사라졌다. 새로워진 지금의 나는 친한 친구와의 만남도 오히려 내가 먼저 나서서 할 만큼 밝아졌다. 손님들과 이야기하는 것도 옛날처럼 힘들지 않아서 오히려 환영할 때조차 있다.'(『나의 고독증에 대하여』 중에서)

놀랍게도 사쿠타로는 그렇게나 고통스러웠던 인간관계가 '기쁨이자 쉼터'라는 걸 느끼게 되었다. 그는 또 책을 통해 다음과 같이 말했다.

'사람들과 이야기하는 동안만큼은 아무런 생각도 들지 않고 유쾌할 수 있기 때문이다.'(위 책과 동일)

사쿠타로는 어떻게 인간 알레르기 때문에 생긴 고독증을 극복했을까?

'담배나 술과 마찬가지로 인간관계도 하나의 습관이라고 생각한다. 그 습관이 익숙해질 때까지는 힘들고 고통스럽지만, 일단 습관이 되면 그것 없이 생활할 수 없을 만큼 일상에서 꼭 필요한 것이 되고 만다. 요즘 나에게도 그런 습관이 생긴 것 같다. 사람들과 만나지 않으면 쓸쓸하다는 생각까지 들 정도이다. 담배가 인생에 필요한 게 아니듯 인간관계 또한 인생에 꼭 필요한 것은 아니다. 하지만 많은 사람들이 습관적으로 담배를 찾듯이 인간관계 역시 습관적으로 찾게 된다.'(위 책과 동일)

사쿠타로는 습관의 힘을 이용한 것이다. 즉 탈감작으로 알레르기를 극복할 수 있다는 것을 몸소 보여주었다.

'아무튼 나는 최근에 내 고독증을 고칠 수 있었다. 그리고 심리적으로도, 생리적으로도 서서히 건강을 되찾았다. 미네르바의 올빼미는 이제 그 어두운 동굴에서 나와 한낮에도 날 수 있을 것이다. 나는 그런 희망을 꿈꾸며 즐기고 있다.'(위 책과 동일)

이것이 쉰 살을 맞이하는 사쿠타로의 심정이었다. 그는 그 후에도 정력적이며 활기에 찬 생활을 하게 된다.

인간은 변한다

인간은 결코 똑같을 수 없다. 오랜 세월 동안 인간은 서서히 변한다. 인간은 학습할 수 있고, 자신을 바로잡을 수도 있다. 독을 품은 사람도 그 독을 무해한 것으로 바꿀 뿐만 아니라 희귀한 영양소로 삼을 수도 있다.

음식물 알레르기의 경우에는 같은 식품이라도 발효 처리하면 알레르기를 일으키지 않기도 한다. 밀이나 콩 알레르기가 있는 아이도 그것을 발효해서 만든 간장에는 알레르기 반응을 일으키지 않는 것은 그 때문이다.

인간 알레르기도 오랜 시간이 지나거나 성숙해지면 이물성을 잃고 알레르기 반응을 보이지 않는 경우가 있다. 늙고 약해지면 과거의 원한은 어딘가로 사라져, 멀리하며 싫어했던 사람을 오히려 사랑스럽게 생각하기도 한다. 이물성이 변화해 독성이 없어지면서 알레르기 반응이 사라지는 것이다. 전반적으로 인간 알레르기가 있는 사람조차도 시간이 지나 성숙해지면 인간 알레르기를 극복하는 사례가 적지 않다.

최근에 반가운 소식을 들었다. 지인의 근황이다.

젊은 시절 몇 번이나 자살 미수를 반복하며 자기 파괴적인 인생을 살던 그는 마흔 살을 맞이할 무렵에 비로소 안정을 되찾고 젊은이들을 가르치는 일에 즐거움을 느끼고 있다고 한다. 그러나 그는 아이를 갖는 일을 완강히 거부했다. 그 때문에 사랑하는 사람의 아이를 원하던 여자들은 수많은 고통을 맛본 채 그의 곁을 떠났다. 아버지가 되는 것을 거부하면서도 젊은이들에게 아버지처럼 사랑을 베풂으로써 그는 자신의 인생에서 빠진 부분을 메우려 하는 듯했다. 그런데 그런 그에게 아이가 생겼다는 것이다.

육십 줄에 들어서야 간신히 그는 자기 내부에 있던 인간 알레르기를 극복한 것인지도 모른다.

그가 인간 알레르기를 완전히 극복하고, 아이와 안정된 애착 관계를 유지하기를 나는 마음으로부터 축복하고 싶다.

내가 싫어하는 그 사람은
과연 악인인가?

세상이 삭막하고 인간관계가 힘들어졌다고 느끼는 사람이 많을 것이다. 스트레스 때문에 마음이 아픈 사람도 적지 않을 테지만 스트레스의 대부분은 인간관계에서 생긴다. 게다가 생판 모르는 남뿐만 아니라 가장 든든한 버팀목이 되어야 할 부부나 부모 자식까지도 사태를 심각하게 만든다. 그래서 우리는 버티고 서 있기조차 힘들 만큼 위태로운 날들을 보내게 된 것이다.

옛날 같으면 '비 온 뒤에 땅이 굳는다'는 격언처럼 약간의 마찰은 신뢰 관계를 더욱 굳건히 하는 윤활유 역할을 했지만 최근에는 그런 소박한 격언은 통용되지 않는다. 단 한 번의 실수로 관계가 끝나버리는 일도 드물지 않다. 일단 관계가 어색해지면 회복하기는 어렵다.

이렇게 인간의 유대가 붕괴되는 것과 함께 눈에 띄는 게 있다. 바로 이 세상이 친절함과 관용을 잃고, 결벽증에 시달리며, 완고하고 극단적으로 변하는 경향을 보인다는 것이다. 자신의 생각만 고집하고, 누군가가 자신의 기대나 규칙을 위반하면 강한 분노를 느끼며, 그 존재에게 과도하리만치 공격을 퍼붓는다. 자기 뜻대로 되지 않는 아이를 학대하는 것도, 이물질로 여긴 존재에게 폭력을 휘두르는 것도 모두 비슷한 병리 현상이다.

이 모든 사건의 공통점은 자신 이외에는 받아들이지 못하고 가차 없이 제거함으로써 자신을 지키려 하는 특징이다. 자신이 아닌 것, 즉 이물질에 대한 과도한 거부와 배제는 바로 이 책에서 서술한 인간 알레르기의 본질적인 문제이다. 하지만 그것이 확대되어 타인과의 관계뿐만 아니라 부부나 부모 자식의 관계조차 삭막하게 만들고, 기대에 조금이라도 어긋나면 무심코 거부나 공격을 해버리는 심리 상황으로 우리를 몰아세우고 있다.

이물질을 '악한 것'으로 배제한다 해도 근본적인 문제는 해결되지 않는다.

문제는 이물질로 파악한 대상이 '악한 것'이 아니라 과도하리만치 이물질로 인식하고 '악한 것'으로 규정하는 인간 알레르기이기 때문이다.

세상 사람들은 대부분 무엇이 '악한 것'인가를 논의하는 데 시간을 쏟는다. 우리의 일상적인 관심의 대부분도 '악한 쪽'이 누구인가 하는 것과 그 사람에 대한 비난으로 일관하는 경향이 있다. 그러나 정말 문제인 것은 '악한 것'에 모든 책임을 떠넘기고, 공격, 제거하려는 것이다.

평균 수명이 늘어나고, 물질적으로는 풍족하고 편리한 생활을 누리고 있지만 우리는 그다지 행복하다고 말할 수 없다. 자신다움을 추구하며 자신을 방해하는 것을 제거하여 얻은 삶은 쾌적할지라도 외롭고 공허할 수밖에 없다.

산다는 것 자체에 기쁨보다 고통을 느끼는 사람이 늘어나고 있다. 우리를 불행하고 살기 어렵게 만드는 근본 요인은 인간인 우리가, 같은 인간에게 거부 반응을 갖기 때문이 아닐까? 그리고 그 문제의 뿌리에는 인간 알레르기로부터 우리를 지켜줘야 할 '애착 관계'라는 장치가 제대로 기능하지 못하는 현실이 있다.

이 책에 제기한 인간 알레르기라는 새로운 시각을 통해 현대인이 안고 있는 문제를 이해하고, 근본적인 해결의 실마리를 얻을 수 있기를 바란다.

끝으로 이 책을 집필하는 데 오랫동안 뜨거운 격려와 적확한 조언을 해주신 신초샤 출판 기획부의 호리구치 히루마사 씨에게 감사의 마음을 전하고 싶다.

2015년 봄
오카다 다카시

그때 그 친구들은
어디로 사라졌을까?

돌이켜보면 가장 황금 같은 시기는 고등학교 시절이 아니었나 싶다. 다행인지 불행인지 내가 다녔던 곳은 갓 생겨난, 주변의 불량배들을 모아 급조한 신생 학교였기에 거의 산속에 파묻혀 있다시피 했다. 고등학교에 입학하자마자 입시 준비로 골머리를 앓아야 하는 시기였음에도 봄여름이면 밭고랑 사이를 누비고, 가을이면 배 서리를 하다가 추워지면 골방으로 들어가 술도 홀짝거리곤 했더랬다. 사람들이 손가락질해도 어찌 됐든 서울 한 모퉁이에 자리하고 있던 학교였다는 걸 감안하면 당치도 않은 일이었다. 그래도, 그때가 나의 황금기였다.

　시간이 어느 정도 흘러 코밑이 거뭇해진 무렵에도 날이 추워지면 어김없이 손은 텄고, 절로 흘러내리던 콧물을 다시 들이마시면 서너 살 시절의 그 맛과 그리 다르지는 않았다. 거짓말 안 보태고, 감기쯤이야 소주에 고춧가루 몇 스푼 풀어 마시면 떨어져 나갔더랬다. 일주일은 고사하고 열흘, 한 달이 지나고 계절이 완전히 바뀌어야 겨우 사라지는 재채기의 존재는 같은 서울 땅에서도 아주 생경한 것이었다. 손등이 갈라져 피가 비치던 흉하게 튼 손보다 더 질기고 우악스러운 아토피도 마찬가지였다. 갑자기 나타난 황소개구리와 꽃매미를 보며 더 이상 포동포동한 개구리 뒷다리를 연상하지 못하게 됐으며 땅속에서만 살다가 나무에서는 며칠 못 사는 유지매미가 더 이상 신비롭지 않게 되었다.

그 무렵부터였던가. 밭고랑을 누비고 황홀한 배 맛에 함께 취했던 황금기의 친구들과는 서서히 소식이 끊겼다. 함께 책을 읽고 조물주의 유무를 고민했던 그 친구들이 알레르기성 비염이든 아토피든 어쨌든 각자의 방에 틀어박혀 나오지 않게 된 것이다. 누구는 주식 투자에 정신이 팔려 매일 컴퓨터 앞에서 산다든가, 누구는 빚더미에 앉아 쫓기는 신세가 됐다든가, 믿을 만한 소식은 아니었지만 그렇다고 또 엉뚱한 소문만은 아닐 거라고 생각하니, 마치 손안에 쥐고 황홀하게 날개 무늬를 살피곤 했던 유지매미가 독살스럽게 생긴 꽃매미로 변한 듯 당혹스럽기 그지없었다. 언제쯤 나는 다시 그들을 만날 수 있을까? 불현듯 눈앞에 나타나면 그 시절을 떠올리며 반갑게 악수할 수 있을까?

인간은 늘 끊임없이 변한다. 이 책의 저자가 기본적으로 가지고 있는 생각도 그렇다. 그래서 인간관계는 좋기도 하다가 좋지 않게 변하기도 한다. 좋지 않았다가 극적으로 화해하기도 한다. 그래서 인간인 것이다. 그래서 인간관계인 것이다. 하지만 끊임없이 흐른다고 여겼던 인간관계가 언제부터인가 고이기 시작했다. 고여서 인간 알레르기라는 질병을 확산시키고 있다. 인간이 인간을 믿지 못하고 손잡기를 거부하고 있다. 그냥 나 혼자, 내방에서, 손가락만 움직여 모든 것을 처리하는 시대가 된 것이다.

이 책을 읽으며 느끼는 감정은 그래서, 사태 해결에 대한 가슴 떨리는 기대보다는 두려움이 크다. 더 이상 사라진 친구를, 친구들을 찾지 못할 것 같아, 혹은 다시 보더라도 와락 끌어안지 못할까 봐 느끼는 공포다.

2016년 1월
김해용

감작(感作): 어떤 물질을 이물질로 인식함으로써 알레르겐이 되는 현상.

르상티망(ressentiment): 니체가 만든 개념으로 인간의 마음속에 숨어 있는 질투심과 불행감을 말한다.

마음의 면역관용(免疫寬容): 이물질이 아닌 존재에게는 공격하지 않는 일.

반동형성(反動形成): 억압된 욕구가 정반대의 행동으로 나타나는 현상. 학대당한 아이가 오히려 부모를 이상화하고 과도하리만치 효도를 하는 경우가 이에 해당된다.

부스터 효과(booster effect): 면역관용처럼 면역 반응을 억제하는 메커니즘과는 반대로 면역 반응을 강하게 해주는 시스템.

승화(昇華): 심리적 방어 기제의 하나로 감당하기 어려운 상처를 더욱 높은 차원으로 극복하려는 행위.

심리적 동일시: 타인을 이물질로 받아들이지 않기 위해 자신과 동일시하는 정신적 면역 작용의 하나이다.

심리적 이물성(항원성): 이물질로 인식하여 거부감이 들도록 하는 성질.

알레르겐: 알레르기의 원인이 되는 물질. 일단 알레르기를 일으키면 알레르겐을 제거하지 않는 한 불쾌한 증상이 계속 반복된다.

알레르기: 몸을 위험으로부터 보호하기 위한 면역 반응이 과도하게 나타나는 현상.

억압(抑壓): 생각하고 싶지 않은 것을 마음속 깊은 곳에 묻어두고 잊어버리려고 하는 심리적 방어 메커니즘.

인간 알레르기: 제거할 필요도 없는 타인을 받아들이기 힘든 이물질로 보고,

몸과 마음으로 거부하고 공격하여 없애버리려는 현상.

자기애 전이: 심리적 동일시 현상이 더욱 진화한 정신 작용. 크게 거울 전이 (mirror transference)와 이상화 전이(idealization transference)가 있다.

전이(轉移): 프로이트의 용어로 과거의 어떤 인물에게 품은 감정을 다른 인물 에게 투사하는 현상을 말한다.

조적 방어(躁的防禦): 자신의 잘못을 받아들일 수 없을 때, 오히려 더 고압적인 자세로 상대방을 공격하는 방어 메커니즘.

치환(置換): 꿈 같은 장치를 통해 현실의 상황을 자신에게 더 유리한 상황으로 바꾸어보는 현상.

탈감작 요법(脫感作療法): 항원을 조금씩 주사하거나 먹음으로써 항원에 대한 탈감작(항원으로 여기고 이물로 인식하지 않아 알레르기 상태를 벗어나는 것) 을 유도하는 방법.

투영(投影): 프로이트의 용어로 인간이 자신의 내부에서 받아들이기 힘든 욕망 과 악의를 타인에게 전가하는 방어 메커니즘이다.

트라우마: 강한 충격이나 고통을 겪은 이후 장기간에 걸쳐 나타나는 후유증, 다 른 말로 외상 후 스트레스 장애(PTSD)라고 한다.

항원: 이물질의 생물학 용어. 항체를 형성하도록 만들어주기도 하지만 접촉 횟수나 양이 늘어나면 알레르기를 일으키는 원인이 된다.

항체: 몸속에 침입자가 들어왔을 때를 대비한 무기로, 침입을 발견하고 파괴, 제거하는 역할을 맡고 있다. 인간 알레르기의 경우에는 심리적 항체인 IgE가 생겨 분노과 공격, 혐오감과 거부감의 연쇄 작용이 일어난다.

해리(解離): 심각한 마음의 상처를 받았을 때, 완전히 망가지는 것을 막기 위 해 의식이나 기억의 고리를 일단 차단하는 심리 현상.

내 마음속에는 '자기 회복 장치'가 들어 있다!
'인간 알레르기' 예방을 위한 5단계 대응 매뉴얼

1단계

— 내가 싫어하는 그 사람이 왜 그런 말과 행동을 했는지 철저히 그 사람의
  입장이 되어 생각해본다.
— 잠을 충분히 잘 잔다. 꿈속에서 현실의 상황을 자신에게 유리하게 만들
  어서 연출해본다.
— 자신의 말을 잘 들어줄 사람에게 억울하고 화나는 마음을 있는 그대로
  털어놓는다.
  (만약 그런 사람이 없다면 심리 치유사나 정신과 의사를 만나 속 깊은 곳에 있
  는 이야기를 전부 쏟아낸다.)
— 나에게 상처를 준 사람의 행동을 객관적인 단어로 정의 내린다. 예를 들
  어 상사가 말도 안 되는 요구를 했을 때는 '권력 남용', 외모를 비하했을
  때는 '인신공격', 성적인 수치심을 느끼게 했을 때는 '성희롱'이라는 단
  어로 정의 내리면 된다. 이 작업을 제대로 하지 않으면 '죄책감'을 갖게
  되고, 잘못하면 '자기 비하'로 발전할 위험이 있다.

2단계

— 사실과 추측을 정확하게 구별하고 확대해석하지 않는다.
  그 사람의 표정만 보고 추측하거나 다른 사람의 말을 전해 듣고 부정적
  인 감정을 키우는 행동을 자제한다. 머릿속으로 생각만 하기 힘들 때는
  사실과 추측을 나누어 노트에 적어본다.
— 남들은 생각보다 나에게 관심이 없다는 사실을 되뇌어본다.

3단계

── 내가 싫어하는 그 사람을 해부한다.

좋은 점(나에게 도움이 되는 점), 그럭저럭 받아들일 수 있는 점, 도저히 받아들일 수 없는 점 이상 세 가지로 나누어서 그 사람에 대한 자신의 감정을 노트에 정리해본다. 도저히 받아들일 수 없는 점이 앞의 두 가지를 압도한다면 자신에게 더 맞는 환경이나 사람을 찾아 나서는 편이 낫다. 예를 들어 그런 사람이 자신의 직속 상사라면 부서 이동을 신청하거나 직장을 옮기기 위해 알아봐야 한다.

4단계

── 내가 그 사람을 싫어하는 이유는 나의 과거, 나의 내면에 들어 있다. 단지 내가 과거에 싫어했던 사람, 나에게 상처를 준 사람과 닮았기 때문에 싫은 감정이 증폭된 것은 아닌지 다시 한 번 자신의 내면 깊숙이 들어가 본다. 만약 그렇게 해도 도저히 용납할 수 없다면 3단계와 마찬가지로 알레르겐(알레르기를 일으키는 근본 원인)인 그 사람과 물리적인 거리를 두기 위해 조치를 취해야 한다.

5단계

── 내가 믿는 사람, 그리고 나를 믿어주는 사람, 즉 심리적 '안전 기지'가 나에게 있는지 돌이켜본다. 만약 없다면 이것을 만들기 위해 '공감 능력'과 '자기 성찰력'을 키우는 노력을 한다. '안전 기지'가 탄탄한 사람은 인간 알레르기에 쉽게 감염되지 않는다.

── 좋아하는 사람들과 만나 즐거운 일을 함께하는 습관을 들인다.

오카다 다카시 岡田 尊司

도쿄대에서 철학을 공부했지만 중퇴하고 교토대 의과대학에 다시 들어가 정신과 의사가 된 특이한 경력의 소유자이다. 현재는 오카다 클리닉 원장이자 야마가타 대학의 객원교수로 활동하고 있다. 정신의학과 뇌 과학 분야 전문가로 주목받는 그가 꾸준히 주장하고 있는 '애착 이론'은 청소년 범죄의 근본적인 원인과 해결책을 제시했다는 점 때문에 일본 사회에 큰 반향을 불러일으켰다.

『나는 상처를 가진 채 어른이 되었다』, 『나는 왜 혼자가 편할까?』, 『나는 왜 저 인간이 싫을까?』가 대표작이며『나만 바라봐』, 『예민함 내려놓기』, 『심리 조작의 비밀』, 『애착 수업』, 『나는 네가 듣고 싶은 말을 하기로 했다』 등 수많은 책이 국내에 소개되었다.

이 책『나는 왜 저 인간이 싫을까?』(원제: 인간 알레르기 人間アレルギー)는 사람이 사람을 싫어하게 되는 현상을 '인간 알레르기'라는 병리학적 증상을 통해 분석한 최초의 심층 보고서이자 심리 자기계발서이다. 출간 이후 꾸준히 심리 스테디셀러로 사랑받고 있다.

김해용

경희대학교 국어국문학과를 졸업하고, 출판 편집자로 일하며 다수의 일본 작품을 번역하고 편집했다. 오쿠다 히데오의『버라이어티』, 『나오미와 가나코』, 이사카 고타로의『악스』, 모리미 도미히코의『야행』, 츠지무라 미즈키의『도라에몽; 진구의 달 탐사기』등의 소설과『조류학자라고 새를 다 좋아하는 건 아닙니다만』, 『지성만이 무기다』, 『나는 왜 혼자가 편할까?』, 『나는 왜 저 인간이 싫을까?』, 『신공룡 도감; 만약에 공룡이 멸종하지 않았다면』등 여러 교양서를 우리말로 옮겼다.

나는 왜 저 인간이 싫을까?

1판 1쇄 발행 | 2016년 4월 10일
1판 12쇄 발행 | 2021년 11월 20일
2판 1쇄 발행 | 2023년 3월 28일
2판 2쇄 발행 | 2023년 4월 28일

지은이 | 오카다 다카시
옮긴이 | 김해용
발행인 | 김태웅
책임편집 | 박지호　기획편집 | 정상미
디자인 | design PIN
마케팅 총괄 | 나재승
마케팅 | 서재욱, 오승수
온라인 마케팅 | 김철영, 김도연
인터넷 관리 | 김상규
제 작 | 현대순
총 무 | 윤선미, 안서현, 지이슬
관 리 | 김훈희, 이국희, 김승훈, 최국호

발행처 | (주)동양북스
등 록 | 제2014-000055호
주 소 | 서울시 마포구 동교로22길 14 (04030)
구입 문의 | 전화 (02)337-1737 팩스 (02)334-6624
내용 문의 | 전화 (02)337-1739 이메일 dymg98@naver.com
네이버포스트 | post.naver.com/dymg98
인스타 | @shelter_dybook

ISBN 979-11-5768-860-9 03190